オットー・ヴァーグナー著

近代建築
第 3 版

樋口清・佐久間博 訳

中央公論美術出版

〔謝　辞〕
イリノイ大学アーバナ・シャンペイン校図書館長パウラ・カウフマン氏の好意により、同大学所蔵のオットー・ヴァーグナー『近代建築─学生に与える建築の手引き』1902年の図版を、金澤工業大学環境・建築学部建築系・竺覚暁教授を通して使用させていただいた。記して感謝申し上げます。

Acknowledgments

The translators are most grateful to Ms. Paula Kaufman, University Librarian of the University of Illinois at Urbana-Champaign, who made possible to use the illustrations of *"Moderne Architektur : seinen Schülern ein Führer auf diesem Kunstgebiete*, 1902," from the collection of University of Illinois at Urbana Champaign Library.

Moderne Architektur, 1902
by
Otto Wagner
Japanese translation by Kiyoshi Higuchi, Hiroshi Sakuma
Published 2012
by Chuo Koron Bijutsu Shuppan Co., Ltd.
ISBN978-4-8055-0680-6

近代建築

学生に与える建築の手引き

オットー・ヴァーグナー 著

建築家，オーストリア造形芸術家協会正会員，帝国・王室上級建築顧問，帝国・王立美術学校教授——在ロンドン王立イギリス建築家協会，在パリ中央建築家協会，在ペテルスブルク帝国建築家協会，在ブリュッセル中央建築協会，在アムステルダム建築推進協会ほか国外名誉会員

第3版

ヴィーン　1902
アントンシュロル出版

皇帝建白書：表紙上部

目　次

　　　　　　　　　　　　　　　　　　　　　　　　　頁
Ⅰ．第３版への前書き ……………………… 5
Ⅱ．第２版への前書き ……………………… 8
Ⅲ．初版への前書き ………………………… 13
Ⅳ．建　築　家 ……………………………… 17
Ⅴ．様　　　式 ……………………………… 47
Ⅵ．構　　　成 ……………………………… 68
Ⅶ．構　　　造 ……………………………… 94
Ⅷ．芸術実務 ………………………………… 118
Ⅸ．結　　　び ……………………………… 184
後書き〔原著見開・訳註・後書・略歴・著述〕…189

市営鉄道，ホーフパビリオン

第3版への前書き

　本書は，形態と内容をほとんど変えることなく，また，出版されることになった。

　好評を得たので，装丁をいくらか立派にすることができ，「覚書きのようなもの」を加えたので本文に少し移動が生じた。本書が初めて出たのは1895年である。

　そのとき以来，芸術にとって非常に成果のあった6年の歳月が流れた。

　当時多かった敵は，何も言わなくなった。

　本書は，当時は，建築芸術を志す若者たちへの，模倣や盗作の道を避けて，創造活動に幸せを求めるようにとの呼び掛けであった，そして今日なおその

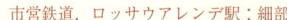
市営鉄道，ロッサウアレンデ駅：細部

呼びかけである。

　芸術家も一般の人たちも，近代派の爆発的な出現が引き起こした戦いに加わった。芸術家にとっては敵は，時間の問題だけであったが，一般の人たちにとっては，規範についての新しい全く違った見解の確立が必要であり，そのような規範が作られることが待たれた。

　日用品には，今日，すでに良い規範がかなり多数あり，絵画にも現在すでに壮大な作品が創られているが，記念的建築[*]にはまだそのような規範はほとんど無い。しかし，まさにそれらは，近代派についての一般の人たちの判断を生み出すものなのである。

　芸術家は，確信を持つゆえ，勝利の後も休むことなく，どのような悪意にもめげず，驚くべき忍耐をもって，一般の人びとに芸術的，教育的に働きかけるので，この点でもやがて目的に向かって一歩進め

［*モニュメント］

6　　　　　　　　　　　　　　　　　　　　　　　I.

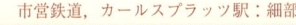
市営鉄道，カールスプラッツ駅：細部

られることが期待される。

　近代派は，あらゆる反対の予想や敵の卑劣な戦法があったにも関わらず勝ってきた，そしてこれからもつねに勝ち続けるであろう。芸術の時代や様式の特徴が変わるとすれば，芸術の見解が変わることもつねである。**この永遠の生成を知ることに寄与することが本書の主要な目的であることは変わらない。**

　　　　　　　　　　　ヴィーンにて　1901年10月

市営鉄道，アルザー通り駅

第2版への前書き

書が1895年10月に出版されたとき，そこで述べた私の確信は，大部分の建築家の無理解と悪意に会い，私は多くの不当な，いや，卑劣な言葉を浴びせられた。私はあらゆる革新者と同様，世間に向かって，その見解は誤った根拠に基づいている，それは正しくない，と言えば必ず罰せられるという経験をしなければならなかった。

その時から3年も経たない中に，私自身が考えていたより早く，私の言葉が正しいことが証明され，近代派はほとんどいたる所に勝者として進出した。敵は群をなして投降し，その中の最良の戦士でさえ彼らが近代派の攻撃に対して構えていた折衷主義や

市営鉄道，ヴェリンガー通り駅

「親しみやすさ」の盾が厚紙細工に過ぎないことを知って，動揺した。

　無数の芸術誌が戦いの場に現れ，どれも近代派に紙面を開け，行動と言葉によって近代派を讃えた。オーストリア造型芸術家協会「ゼツェッシオン*」の成功は，一般の人びともまたこの若い新鮮な流れに賛同したことを示す適切な証拠である。

　どのような戦士も，長年の苦闘の後に自分の見解の勝利を確認することができたときは，確かに満足するに違いない。

　そして，その勝利がここにある。

　多くの人びとが新しい芸術を共感をもって迎えただけでなく，長らく食物を欠き飢えていた人のように貪欲に受け入れさえしたことを，今日，なお否定しようとする人がいるであろうか。芸術は不死鳥のように輝いて「伝統」の灰の中から近代芸術として

II.

賃貸共同住宅,ヴィーンツァイレ:細部

甦り,その永遠の創造力をふたたび示した。

　そうならなければならなかった,芸術。踏み拡げられた模倣の道を行くことはできなかった,いや,芸術は正しい感覚によって,理解力豊かなわれわれの世紀にふさわしい美の表現を勝ち得たのである。

　近代派の攻撃によって,伝統は,余分な価値を失うが,真の価値を保ち,考古学は芸術の補助学問に下がったが,つねにそうであることが望まれる。

　戦いが厳しくなければならなかったことは,容易に説明される。近代派の勝利によって,これまでの芸術の代表者の大多数が,彼らの成功の神殿を建てていた地盤を失うからである。

　もちろん,近代派が育てた花がすべて健全な実を結んだわけではないことは,驚くべきことではないが,あらゆるものが芽を出し,伸びてきたことは,いくら評価しても評価しきれない事実である。

賃貸共同住宅，ヴィーンツァイレ：細部

　天賦の才と努力と時間が，生まれ出た多くの形を純粋で永続的な結晶体に，かならず変えてくれるであろう。

　近代的なものがすべて美しいというわけではないが，おそらく，われわれの感覚は，今日，近代的なものだけしか本当に美しいと見ることはできない，ということを示すに違いない。**どの芸術の時代も，その前の時代に拒否の態度をとり，別の美の理想に忠誠を誓った。**

　新しく生まれる芸術の美は，われわれを感嘆させ，あらゆる模倣されたものの上に高く聳え立つ。

　本書の第2版を出すように出版社より求められたとき，私は大いに喜んで，その要望に応じた。なぜなら，あらゆる戦線において勝ちを宣言するためには，もう少し多くの部数が必要であると思ったからである。

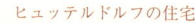
ヒュッテルドルフの住宅

　新しい版には変更はごく僅かだけであり，印刷に前には手に入らなかった新しい活字を使った。私の最近の仕事の一部を写真版として幾つか添えたが，それによって，私が書いたものの理解が増すものと思う。

　　　　　　　　ヴィーンにて　1898年9月

ヒュッテルドルフの住宅の庭園

初版への前書き

た えず物を創っていると，多くの見解がそれぞれの人の中に確立されて，根を下ろし，命題のようにその人の後の生き方に影響を与える。

　その人のすることに成功が伴うなら，他の人びともその見解を共有し，そしてそれらに教える価値がある，と見ることになる。

　私の場合もそれに当たる。

　帝国最初の美術学校の教職に就くように招かれて私は，そのような命題を確定し，証明し，擁護し，それによって教育目的を推し進めることを，責務と感じている。

　そのことと，そして授業で何度も同じことを繰り

市営鉄道，アルザー通り駅，ホール

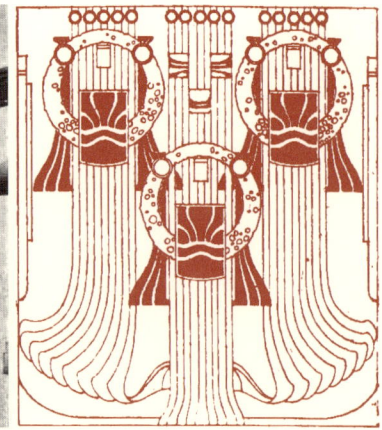

　返す煩わしさを少なくとも一部は減らしたいという願いが，本書を公にする最初の動機であった。

　私は，本書に，長年の芸術家経験において集め，芸術実務において得たものをできるだけ簡潔に納めようと努め，そして，いつものように今回も，私の確信を十分に表現することを止めなかった。

　本書はまた，私が出した図版集にたいする一種の説明ともなって，必ずそれらの理解を進めることになるであろう。

　一つの考えが，本書の全体に生命を与えている。すなわち**建築についての今日支配的な見解の根拠は変わらなければならず，そして，われわれの芸術創造の唯一の出発点は近代生活でしかないことを認識しなければならない**という考えである。

14　　　　　　　　　　　　　　　　　　　　　　　　　　Ⅲ.

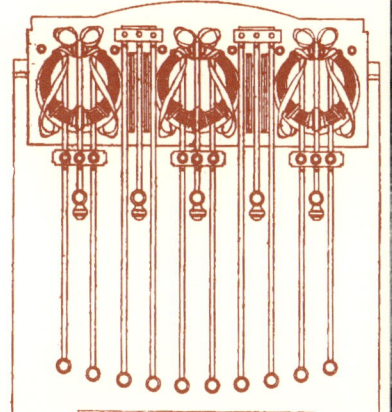

市営鉄道，ヒュッテルドルフ駅地下コンコース
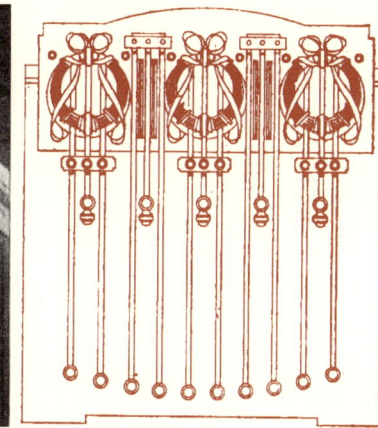

　この考えは疑いもなく正しいが，しかし，それを以下に展開する形に見慣れないものや拙ないものがかなりあるであろうし，あるかも知れない，つまり筆の立たない筆者が露見するかも知れない。また，繰り返しが，読者を煩わせるであろうが，それは，私がいくつもの主題に重点を置くからで，しかも，章によって題材を厳格に分けることが難しいからである。

　私が代表者になったかに見える方向に，随う者も反対する者も多数いるが，その方向は次第に領域を獲得しつつあり，そして私は，その方向を速やかに一般に認められるようにすることが，私の個人的な義務でもあると理解している。何といっても私は，この方向が，真実でただ一つの可能な方向であり，私が学生を導く道は正しい道であると確信しているからである。

III.

市営鉄道，アルザー通り駅

　それゆえ，私は，これから建築家になる人たちの生き方と創造行為を明らかにし，彼らにその職業の気高さと尊さを示したいと思う。

　もちろん「土地の精神*」$_{ゲニウス・ロキ}$のことを考えに入れなければならなかったので，ヴィーンの特殊な状況は，考慮してある。

　見解の迷宮に導きの糸を通し，そして近代建築の基本原理を理解できるものにするなら――そのとき本書の目的は達せられる。

ヴィーンにて　1895年10月

市営鉄道，グンペンドルフ通り駅

建 築 家

建築家は，理想と現実をみごとに調和させた近代人の冠位にある者と讃えられてきた。残念ながら，この言葉の真実を感じているのは建築家だけであり，同時代の他の人びとは大して共感もせず，傍観している．それでも私は誇大妄想と非難されることを恐れず，この讃美の歌に声を合わせないわけにはいかない。

　生涯の終わりまで続く建築家の修業，創ることに伴う責任，作品を実現するさいに突き当たる大きな困難，建築芸術にたいする多くの人びとの無関心や偏見，そして建築家仲間の残念ながらあまりに多い妬みや意見の違い，それらは建築家生涯をほとんど

市営鉄道，中央税関駅：細部

つねに茨で蔽われた道とし，そして彼らは姉妹芸術の若者たちが人びとに支持されていつも薔薇をまき散らした生涯の道を行く姿に，実にしばしば寂しげに目をやっている。賞讃と批判は，大地にたいする太陽と雨のように芸術家の行く道を実り豊かにするべきものであるが，建築の空にはめったに現れず，ただどこまでも続く実務の灰色と人びとの無関心の無気味な暗さだけが，だれもの自由で明るい視界を覆っている。

　建築家は，現在においての成功や即時の理想的な報酬を期待することは全くできない。望みどおりの評価が与えられるのは，おそらく何年か後，不当な重荷に耐えて建築作品を完成させたときであろう。しかし芸術的な感激や創造の喜びの極みは，建築家が自分には成功したと思われる基本構想をスケッチしたときであり，もちろん，それは他の人には全く

IV.

市営鉄道，中央税関駅：細部

見えず，また理解されないものである。

　建築家はそれゆえ，自分の報酬の大部分を内心の満足に求めなければならない。それにも関わらず，建築家は，変わらぬ愛と忍耐をもって自分の作品をつねに見守らなければならず，迷ったり，飽きたりしてはならない。たとえ，建築家の金銭的な報酬が残念ながら一般に施しに等しく，そして世間が今後もこれまでのように，たとえば，*ゴットフリート・ゼンパーが，生涯倹約に倹約をして残したであろう以上のものを，一人の歌姫の，1時間の歌に与えることを好むとしても。

IV.　　　造形芸術のなかで（私には一つの芸術しかないので幾つかの芸術について語ることは非常に難しいが）建築だけが，本当に創造的で生産的である。すなわち建築だけが，人間

19

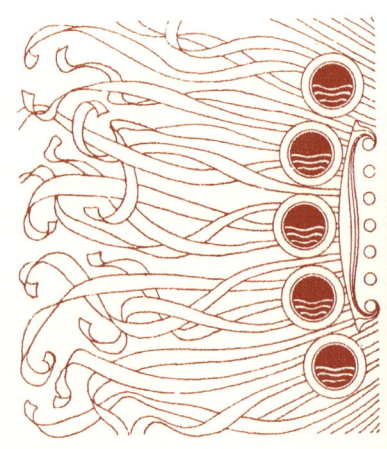
ヌスドルフ閘門

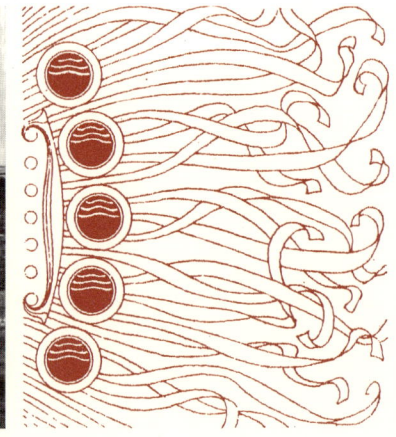

　に美しく見える形を，自然の中に手本を見出すことなく作ることができる。それらの形の萌芽が自然の構造にあり，それらの源泉が材料にあるにしても，成長した形は発生した点からはるか遠く達しているので，全く新しく創ったものと見なさなければならない。

　それゆえ，次のように言うのを聞いても不思議ではない。**建築においては，神の能力に達する人間の能力の最高の表現が見られるに違いない，と。**

　そして，そうである。上に述べたことの証拠は，建築作品が人間に働きかけて文字通り目を奪うほどの不思議な圧倒する力にある。それゆえ，建築は，芸術の最強の表現であると言わなければならない。

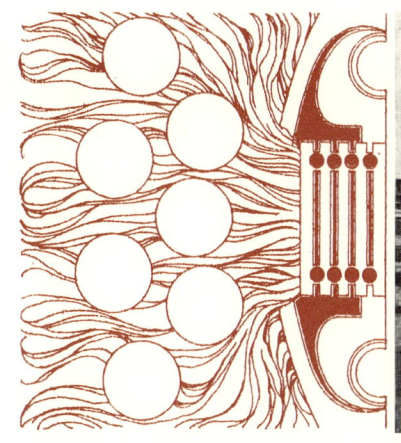
ヌスドルフ閘門

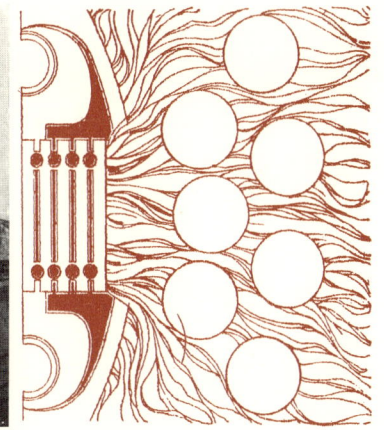

　　　べての芸術的能力は個人の二つの特質，
す　すなわち，生まれ持った能力（素質）と
　　　学び，考え出す知識とから成っている。
これら二つの特質がよく現れ，よく均衡するように
なればなるほど，それらから創り出される芸術作品
の価値はおおきくなる。例を挙げるまでもないが，
よく理解するために，次のことを述べておきたい。
たとえば，＊ハンス・マカルトは学んで得た知識より
生まれ持った能力を多く身につけていたが，他方，
ゴットフリート・ゼンパーには明らかに反対の関係
が現れている。建築家には，多くの場合に，莫大な
習得するべき学習材料を必要とするから，ゼンパー
のような関係が著しく見られる。

　画家や彫刻家では学んだ知識がなくとも成功する
ことさえ考えられるが，建築家ではそのようなこと
は決してありえない。

賃貸共同住宅，ケストラー小路：細部

　これら生まれ持った能力とは，主として想像力と好みと手の器用さであり，まさにこれらの素質こそは建築家という職業を選ぶにあたって非常に重要なものであるが，それらに対して進路の指導者の側で実にしばしば間違ったことをしている。

　若者の側に，いくら意欲と愛があったとしても，想像力と好みと手の器用さ，あるいはそれらの素質のただ一つでも欠けるなら，教育のあらゆる努力は無駄になる。残念ながら，建築家にはこの理由から職業を変える人や芸術家から脱落して嘆く人，生活に失敗した憐れな人が実にしばしば見られる。

　建築家に生まれついているかどうか，その適性を持っているかいないかについて，指導する人からの説明が与えられることなく，ただ本人がなりたいというだけで一人の人間を建築家に教育しようとする方式は，いい加減に止めなければならない。

22　　　　　　　　　　　　　　　　　　　　　　　　　　　　　　　　　　IV.

ヌスドルフ閘門，管理棟：細部

　強調するまでもないが，上に述べた特質が個人にそのまま保たれるために，精神的な安定と物質的な心配のなさ，励まし，そして経験が共に働かなければならない。建築家の創造力が<u>生涯生き生きとしているか，衰えるか</u>，といったこともこれに関わってこよう。

　他方，しかし以下のことも確認しておかなければならない。すなわち，建築家の完成する成熟期は，習得した知識の充実と経験，そして若い新鮮な考えが具体的な表現を得るまでの相次ぐ成長と成熟，を必要とするため，他の芸術家ならすでに能力の絶頂に達している年齢よりはるかに遅れて来る，ということである。

　それゆえ，建築家の実り豊かな成功に満ちた活動が40歳過ぎになったとしても，確かに，度外れだというわけではない。

IV.

23

銀製給仕皿

　職業そのものに伴うこれらの厳しさに，さらに，それらを助長して建築家の生涯をほとんど薔薇色にすることのない一連の情況が加わる。それらの中で最も厄介で害をなすものは，しばしば現れる*芸術屋と*実際屋である。建築家には，それゆえ，それらと戦うだけでなく，また建築家の能力と知識に絶対にふさわしい地位を取り戻し，それを主張する義務があるであろう。

　こで，国による建築の保護について語るのが適当である。
　確かに，国は，芸術を保護することによって非常に大きな利益を受ける。今日イタリアはその最も重要な生命の中枢が過去の世代の芸術的成果によって形成された国と見られているが，フランスもその繁栄の少なからぬ部分を芸術に負っている。

24

IV.

銀製紅茶盆
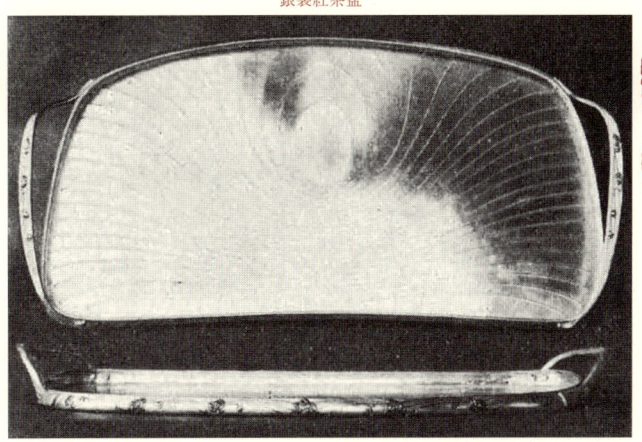

　これらの保護は，今やさまざまな方法で行うことができる。例えば，芸術の役所（芸術省）を緊急に設ける必要があろう。芸術教育に携わる人を招くにあたって，優れた芸術家の判断を第一としなければならない。帝国の公共建築は，すべて本当の建築家だけによって建てるべきである。特に注目するべきものは地方の建築である。なぜなら，それによって芸術が「国中にもたらされ」て，国民に教育的感化を及ぼすであろうからである。

　芸術作品を評価する責務をもち，芸術問題を解決しなければならない評議会や委員会などはすべて，それらの成員数の少なくとも半数までは，名のある芸術家で構成することが望ましい。

　公的な役所のために古い貸家を買って使うことを止め，効率的な見方を，芸術的で，実用的な見方に改め，あらゆる機会を捉えて建築の公開の設計競技

IV.

市営鉄道，カールスプラッツ駅

とする，などしなければならない。

　この機会に，大成功を納めたヴィーンの都市拡張基金についても，述べておこう。この基金だけが，ヴィーンを，一連の記念的建築(*モニュメント)によって美しくすることが出来たのであり，これがなければ，それらの建物はきっと建てられなかったであろう。とはいえそのような目的に当てられ任された金額は，外国が記念的芸術に当てる金額に較べて，きわめて僅かなものである。パリとの比較は，全く話にならないが，ベルリンの状況を見てもわれわれははるかに遅れている。ベルリンは1871年から1890年まで，すなわち20年間に，国によるものだけでも，2億5千万マルクもの記念的建築(モニュメント)が建てられた，という事実が，よくそのことを語っている。

　われわれの政府は，芸術評議会を創設することによってこのことに関して一歩を進めたのであるが，

IV.

市営鉄道，ヌスドルフ通り駅

　その働きは，今のところまだ幻想でしかない。なぜなら，それに最も重要な存在条件である権限と資金がなく，その活動は，これまでのところ声明だけに止まっているからである。

　建築家自身が，自らの地位や立場を貶めることをしばしば行ってきたという非難を免れることはできない。不正な競争を，企て，厳密に決められた委任事項を守らず，設計の依頼者に気安く多くのことを請け合うなどといったことによって，建築家は非常な損をしている。

　もう一つ損をしている原因は，これまで好まれてきた非芸術的で味わいない，したがって正しくない彼らの作品の図的表現方法に見ることができる。何の芸術的な魅力もない単調で気の抜けた図面は，専門家にも，一般の人びとにも，決して興味を唆る

IV. 　　　　　　　　　　　　　　　　　　　　27

ヒュッテルドルフの住宅の庭園

ものではない。それについては後に「芸術実務」の章で詳しく述べる機会があろう。

だが，禍いの核はもっと深いところにある，**なぜ建築家の重要さが十分認められないかということの主な原因は，建築家がこれまで使ってきた形の世界と人びとに話してきた言葉にあり，それらは大ていの場合，全く理解されなかったのである。**

このことについて詳しく述べることが本書の主な目的である。

建築家が，人間として委ねられた芸術家の戦いに喜び勇んで参加しなかったことや人びとに建築芸術への関心を呼び起こすことが出来なかったこと，そして簡単に気力を喪失したことは，大いに非難しても非難し過ぎることはない。

ヒュッテルドルフの住宅の庭園

　活潑に倦むことなく展覧会に出品し，たゆみない勤勉，そして疲れを知らない行動力は，次第次第にそれらの欠点を改めることに必ず役立つであろう。設計競技に欠陥はつきものであるが，参加することは学ぶことがきわめて多いので，大いに勧めることができる。

　提出した作品について建築家は全く何も言わないのが常であるが，それは，芸術家には作品によってしか働きかけることが出来ないこと，そして，彼ら芸術家に対しては，空しい宣伝はすべて無となって消え失せ，いや，逆の効果を生ずることを，誰もが知っているからである。作品によって，芸術家は，自分の能力と思考と感情——自分の内にあるもの，真実——を示し，その作品が美しければつねに興味を唆るものとなる。そのような真実は，どの芸術家にもみな同様に受け入れられ，それを示す機会が，

IV.

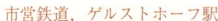
市営鉄道，ゲルストホーフ駅

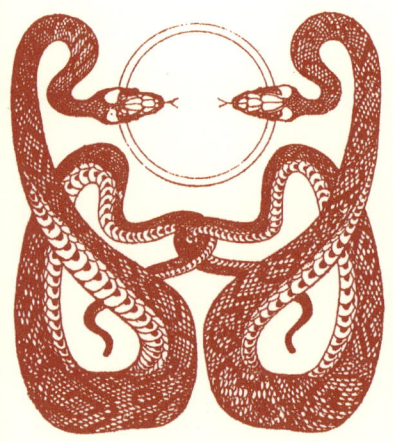

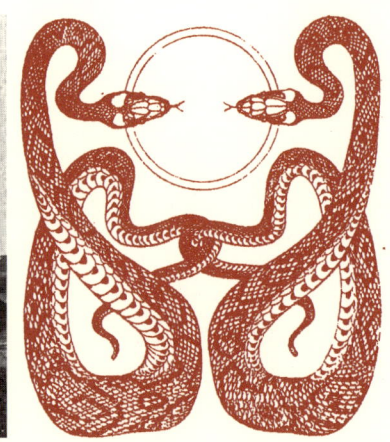

まさに展覧会と設計競技なのである。

　そして，ここで，「建築家」という称号について二，三述べておこう。この称号は建築芸術家だけに相応しいものであり，例えば建築企業家や建築施工者などをはじめとするさまざまな段階の建築家に当てはまらないことは，明らかである。

　国が定めた称号「国家検定建築家」や「学位取得建築家」，「土木建築家」なども，建築家の資格を，全くもたない人に称号が盗用される場合と同様に，しばしば大きな誤用となる。

　すでに述べたように，残念ながら，両親やそれに代る人が子供の将来の職業を決めるにあたって個人的な適性を考えに入れないのが一般の習慣である。しかし，建築家を職業に選ぶ場合には，適性を考え

IV.

市営鉄道，ミヒェルボイエルン貨物駅

に入れることを決して怠ってはならない。

　それに関して若者を指導する人たちが基準とする動機は，すべて，この職業は一番儲かるとか，あの職業は最も「成功」しそうだといった，目先のことしか見ない見方を出ない。若者の能力が考えに入れられないのは，必要な資質すなわち想像力，好み，鋭い思考がはじめて現れるのが遅く，職業の選択がされてからはるか後，すなわち，運命のサイコロが振られた後になるからである。かなり早くに現れる描画技能だけによって若者を未来の建築家と決めるのは，決して正しいやり方ではない。

　ここで正しい判断をするために，技術を習得した22歳から26歳の志願者を王立美術学校の先生の工房に預けて，志願者が芸術家の道に進んで成功するかどうかを決める権限をその先生に委ねるのが，正常なやり方である。

市営鉄道，中央税関駅：細部

　先生にとっては，そのことは易しいことである。先生には，判断の材料として成績表，製図の図面，スケッチブックが提出されているだけでなく，また先生は，志願者に1年間だけ見習い生として学習をさせることができ，その間に一定の適性が現れないとき，何の間違いもなくきっぱりと，正しい判断を下すことができ，場合によっては，前の判断を訂正することもできる。

　これが数年間徹底して行なわれれば，それだけで状況の健全化がもたらされ，現実の建築の仕事量と建築家の数の間にもかなり自然な関係が確立されるであろう。

　この主題から離れる前に，一般的に，われわれの学校について，そして特に芸術学校について述べておかなければならない。

　われわれのすべての学校が苦しんでいる弊害は，

IV.

市営鉄道，ケッテンブリュッケ小路駅：細部

教育方法がほとんどすべて人間のただ一つの能力，すなわち記憶力の上に立てられていることである。「教育水準を引き下げることだけはしない」という決まり文句は，さらに実質的に，それ以外のもの，本来は学校に属するものを学校に受け入れられなくし，それによって，記憶力と同じほど重要なものを得られなくしている。芸術への理解の覚醒，空間的な思考の練習，各人の個性的な能力の考慮，正しい教育課程に応じた教材の指示といったことについて決して語られることがない。「教育のある」人びとの芸術にたいする一般的な無関心，きわめて偉大な芸術作品でさえも遭偶する，冷淡さと愚かな批判，すべて不満足なわれわれの芸術学校，国のほとんどすべての行政機関が示す芸術軽視，実に嘆かわしい国民経済としての民力の喪失，その他，実に多くのことが，われわれの今日の教育方針が芸術に関して

IV.

市営鉄道，ホーフパビリオン：細部

増大させた悲しい結果である。

　下級，上級の芸術学校の再編は確かに必要であるが，われわれの今日の芸術観によれば，芸術教育者に関してもこの事情は全く同様である。

　私はすでに何年も前から然るべきところで一つの提案をしたいと思っていたが，ここはその場所でもあろう。

　その提案とは，教育行政当局は芸術教育者を5年から10年の期間だけ任命し，その期間が過ぎた後の新たな任命は任意の期間とするべきである，というものである。

　この提案の動機となったのは，およそ次のようなことである。芸術家は，遅いにせよ，速いにせよ，自分の能力の頂点に達するものであり，それは常に前に進む歩みである。多くの者が目標に到る途中で倒れ，深い淵に落ち，目標に向かって努力しようと

IV.

市営鉄道，川岸線：細部

再び自分を奮い立たせるが頂きに達する者は僅かである。これが登り坂の時期である。頂きに達した者はそこに長く留まることは稀で，たいてい短かく，それからゆっくり下って行く。そこで，芸術教育者に関わる当局は，最良の人を用いなければならないので，どの時期に芸術家を採用するべきであるか，という問いが当然生じてくる。登り坂の時期には，芸術家はどの高さにまで達するのかは，決まっていない。しかし芸術家が頂きを越えていれば，当局は低下してゆく力と関わりを持つことになる。いずれの場合にしても，当局は任命の度に何らかの危険を冒すことになる。それになお多くの場合，芸術家の能力の頂点と肉体的な生命は非常に都合の悪い関係にある，といった事情が加わってくる。その危険を避けること，そして国の行政当局が教育者に関して最も良い位置に立てるようにすることが，私の提案

IV.

市営鉄道，ブリギッテ橋駅：下り階段

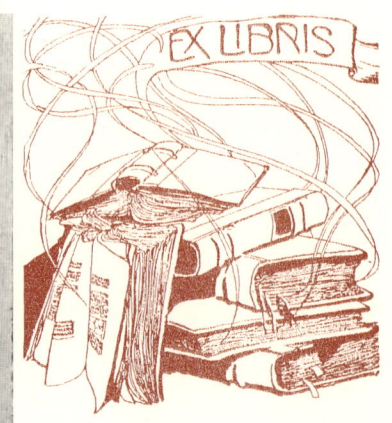

の目的であり，その主な動機は，われわれの今日の芸術観が全く変わったこと，そして教育者の老化を防ぐように努めることにある。

　　ど の建築芸術家も，構造家でなければならないという状況は次第に理解されるようになったが，芸術家の称号がなくても，優れた構造技術者であることができることは明らかである。

　国が行なう試験は，とにかく，受験者が静力学的計算をする能力があるかどうか，居住その他の目的にかなった建築を建てることができるかどうか，を確認するに適しているが，それらの建築が芸術作品であるかどうかということは，芸術家だけが決めるべきことである。

　すべてこれらの状況には，少し不健全なところが

市営鉄道，ヌスドルフ通り駅：プラットホーム

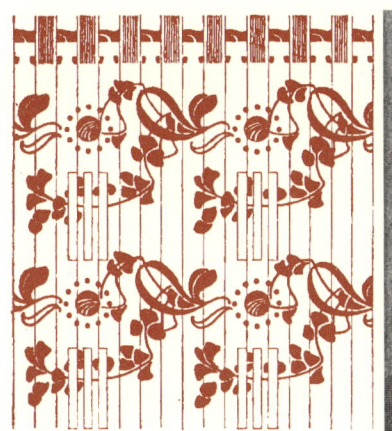

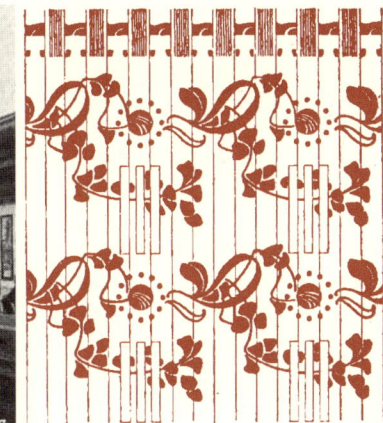

あり，したがって芸術家たち自身が健全化の活動を始めたことは，歓迎しなければならない。

　オーストリア造形芸術家協会はこのことにまさに精力的に取り組んでいる。またヴィーン造形芸術家組合から出た建築家クラブも浄化の目的を掲げて，建築芸術家の審査機関となっている。したがって，この団体の会員は，いわば芸術家のアレオパゴス*によって建築芸術家として認められた者である。協会の会員の中のOM（正会員）とクラブ会員の中のCMは，このようにして選ばれる。基準をあたえる者がこのような認可の価値を了解しているということ，そして資格の問題がこのように自然なやり方で解決されるということは，心から支持することができるのである。

IV.

37

賃貸共同住宅，ケストラー小路

　これまでは建築家の最初の青年期と，彼らの適性の発達についてであった。しかし学校を出て，一人前となった建築家は，さらに幾つか精神的な特性を持たなければならず，それではじめて職業に就くことができる。それらの中で最も重要な一つとして，私は，何が必要であるかを認める能力を挙げたい。よく知られるように，同時代の人びとが課題を提出し，そして建築家は，それらを解決し，それらに形を見出す義務を負う。

　それらの形に影響をあたえるものは無数にあり，建築家は，自ら創り出す形が正しいものであることを望むなら，すべてを知らなければならない。

　住み方や暮らし方，流行，風俗習慣，気候，土地の状態，材料，さまざまな技術，道具など，そして最後に資金，それらすべては，芸術作品の成立に，重要なことを語る。さらにそれらに，毎日，新しい

IV.

賃貸共同住宅，ヴィーンツァイレ：細部

ものや発明されたものが無数に加わる。建築家は，それらを見落とすわけにはゆかず，それらの価値について，速やかによく知っていなければならない。そのさい，現れた作品の研究，雑誌，実務の経験，展示会，旅行などが主要な役割を果たすことは言うまでもない。

特に旅行について二，三言っておきたい。

勉学を終えて美術学校を卒業する芸術青年は，実務に就く前に通常イタリアに旅行をし，その期間は1，2年である。

私は，このようなことをするのは間違っていると思う。

何よりもまず，はっきりさせて置きたいことは，そのやり方に非常に多くの伝統的なものが残されていること，そしてここでもまた近代の状況によって

市営鉄道，ブライテンゼェ駅

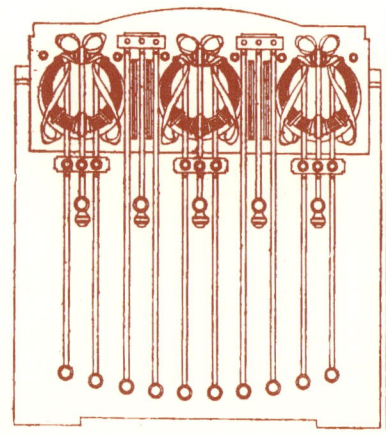

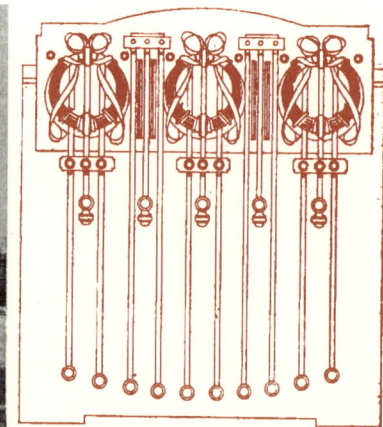

見方が本質的に変っているということである。このような旅行で移動に要する時間が以前よりはるかに短くなったことは別として，われわれは，その土地の見る価値のあるあらゆるものについての知識を，近代の印刷物による最良の方法で与えられている。この状況だけでも，余りにしばしば芸術青年たちをぶらぶら過ごさせるだけとなっていたこれまで慣行のイタリアにおける2年間の滞在が必要でないことを示している。

　しかし，それらのことは全く別として，私が言いたいことは，美術学校での3年，4年の勉学期間を終えてこれから建築家になる人は，古い芸術の宝庫イタリアに実り豊かな旅行ができるほど，まだ成熟していない，それゆえ，そのような旅行をするには早すぎるということである。

　目を引く効果，光の作用，よく考えられた比例，

市営鉄道，オッタークリンク駅

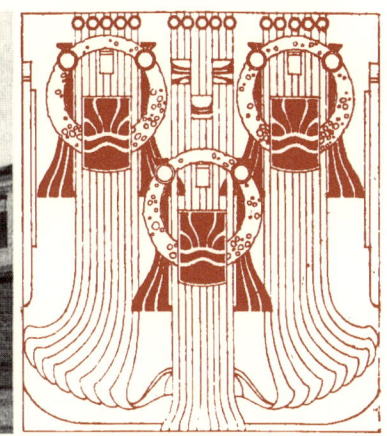

　見せる用意，鋭く決められた視距離，正しい透視図的な輪郭，形の発生と根拠，巨匠の個性の特徴的な発現などは，熟練した，経験のある目によってしか認めることのできないものである。それらに必要な成熟は，美術学校を出たばかりの年齢では，まだ，得られていない。
　一般に全く正しくない建物の選び方をして写生をするためのイタリア旅行は，ただ，スケッチの練習旅行としか見ることができない。しかも，それらのスケッチを使って──しばしば行われるように──建築題材（モチーフ）の図録を作り，帰ってからそれらの内容をあらゆる機会に何としても利用するということは，ほとんど罪悪であり，絶対に間違いである，と言うべきである。
　勉学を終え，それに関連したきびしい修練を経た後の旅行の動機として十分考えられるのは，生涯の

市営鉄道，マイトリンク駅：細部

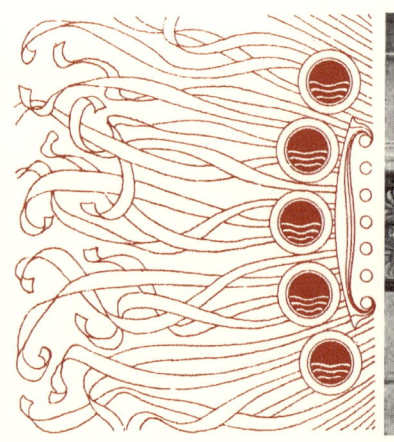

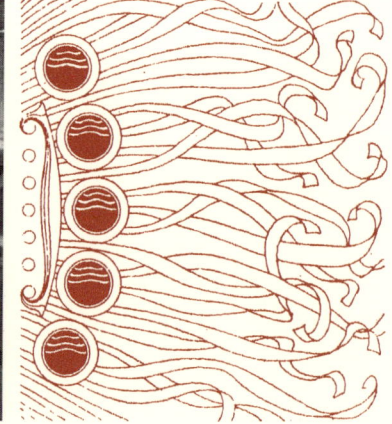

この時期につねに現れる自由と見物への一種の憧れである。

　この見方からなら，私は，研修旅行を心から支持することができ，そのような旅行はまずイタリアに行くべきである，と勧めたい。

　ここで述べた目的は，しかし，3ヶ月から5ヶ月で十分に達せられる。1ヶ月くらい休息したのち，芸術青年は，大都市や近代的奢侈を宿す所を訪れ，そこで近代人が必要とするものを見て，知ることを徹底的に習練することができる。

　この計画を遂行するには，あと3ヶ月あれば十分であり，帰るときの青年は受けた印象で満たされ，仕事への意欲を失うことなく，どこかのアトリエでさらに活動を始めることができよう。そこで彼は，ほぼ30歳過ぎに独立して建築製作に進むようになるため，根気よく勤勉に「芸術の実務*」を知ることを

IV.

ドナウ運河改修：細部

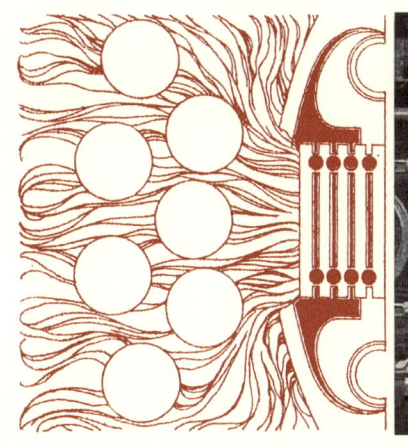

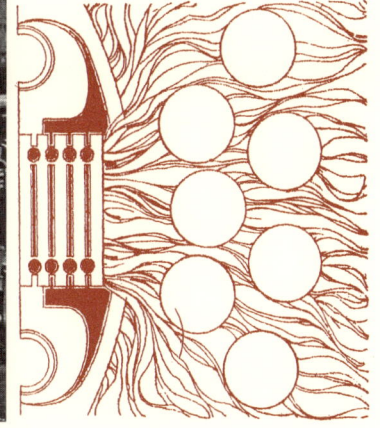

学んで，何年か過ごさなければならない。それから彼が自分のあるいは他人の資力によって芸術作品を創り出せるほど十分に成熟するまでに10年を要し，それでも，後の日それらを振り返って見て満足することはほとんどないであろう。

　　こで，芸術家なら誰も感じているに違いない，ある状況について述べたい。それは，意欲にたいして能力がいつも遅れることである。この状況は，まさに建築芸術家の能力がつねに新しいものを生み出すことである，ということによることは確かである。そこで，建築家は，新しいものを作るたびに学び，自らが前進していることを知ることになる。このことを認めるとともに作った物は作り直すことができないことから，当然，芸術家のある種の憂鬱が生じてくる。

IV.　　　　　　　　　　　　　　　　　　　　43

浴室，部分

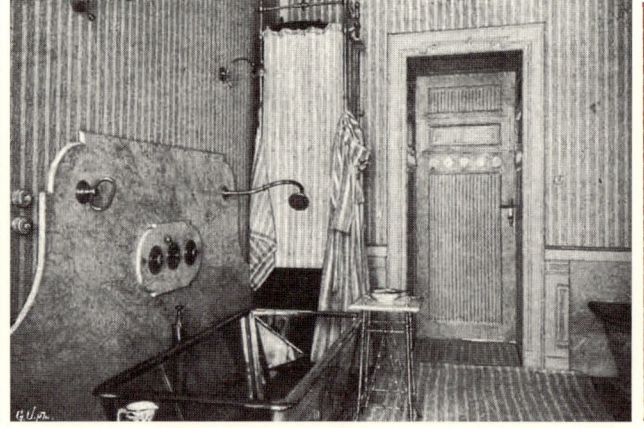

　これに関し，創造する建築家にとって大きな慰めは，健康であるかぎり経験も創造の喜びもきわめて晩年まで衰えないということである。その輝かしい例は，中でも，普通の年齢の限界をはかるに越えた多くの，偉大な建築芸術家たち（ブラマンテ*70歳，サンソヴィノ*93歳，ミケランジェロ*89歳，マデルナ*83歳，ベルニニ*91歳，ジョーンズ*80歳，クレンツェ*80歳，ゼンパー*76歳，ガルニエ*73歳など）である。

次の主題に移る前に，余りにしばしば提出される質問に，答えておかなければならない。なぜ今日の建築家は過去の時代の多くの芸術家のように画家や彫刻家ではないのか。
　この現象の主な原因は，第一に，今日の建築家が提供され，受け入れる知識が通常の人間の受け入れ能力をすでにはるか越える次元に達しているのに，

44　　　　　　　　　　　　　　　　　　　　　　　　　　　　　Ⅳ.

寝室，部分

芸術青年の勉学と練習の時間は経済的事情によって減らされている，ということに求めるべきである。この状況だけによっても，「専門家」が創り出されなければならなかった。しかしこの他になお近代の建築家の型を十分に説明する一連の状況が加わってくる。それら多くについて本書で触れることになるが，ここでは特に以下のことを指摘しておきたい。

近代の社会状況は，典型的な「芸術の手職人」を完全に消滅させて，すべての働く人びとを実質的に機械に変えてしまった。

その当然の結果として，芸術のこの広大な領域が芸術家に任されたが主要な部分は建築家に任されるということにならなければならなかった。

そこで，二つのがわにますます多くのものが求められるようになり，近代の建築芸術家は，ますます狭くなった自分の職業に，すべての努力と力を捧げ

IV.

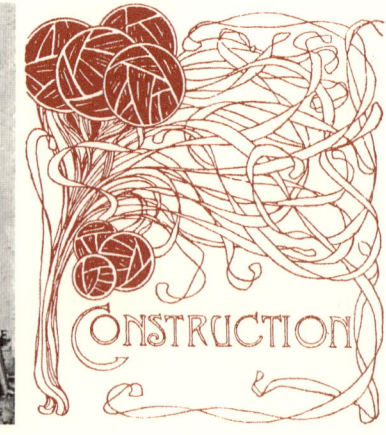

賃貸共同住宅, ヴィーンツァイレ：細部

なければならなくなったのである。

　最後に，同じように，なぜ近代の画家や彫刻家が建築家ではないのか，という疑問を投げかけることができよう。疑いもなくそれは，先に挙げた理由によって建築家の方によりよく当てはまるということはあるが，建築家が同時に画家や彫刻家であることができないのと同じ理由による。

　以上，建築家の人間と修業期と「存在」について述べた。次に，建築家の創るものについて，述べることとしよう。

　これから明らかにする主題は様式，構成，構造，実務と分類されるが，明確な区分ができないことは言うまでもない。

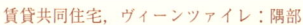

賃貸共同住宅，ヴィーンツァイレ：隅部

様　式

残念ながら，専門家の間にも広く行き渡っていわば公準として通っている一つの見解は，建築家は，いわゆる様式の一つを基本として選んでどの構成をも創らなければならないという見解がある。そう，そこで建築家は，自分に適した様式をつねに特に愛して守ることが求められているのである。

様式の基本は，この理論の擁護者たちによって，どのような細部にも守られ，趣味とされ，ついには創り出されたというより写されたという方が正しい芸術形態を評価するときの価値尺度にされている。

考える建築家は，今や，そのような狂った建物を覆すには，どこに梃子を入れたらよいかという，

V.

47

市営鉄道，ヒュッテルドルフ駅

　まさに最大の困惑状態に陥っている。
　まず指摘しなければならないことは，様式という言葉は，上の意味では，つねに，時代の花あるいは山の頂きを指している，ということである。しかしそれは，明確に区切れない一つの芸術の始まりから終りまで，すなわち一つの山の全体について言う，とする方がはるかに正しい。私は，様式という言葉をこの意味において使いたい。
　それゆえ，例えばギリシア人はその様式が形成期にエジプトの様式に対立していたと思わず，同様にローマ人もギリシアの様式に対立していたと思わなかったことは確かである。ローマの様式はギリシアの様式から，そして，ギリシアの様式はエジプトの様式から徐々に発展してきた。一つの時代の花から次の時代の花へ移り行く切れ目のない形態の連鎖に今日なおその証拠が見られる。

市営鉄道，上ザンクトヴァイト駅

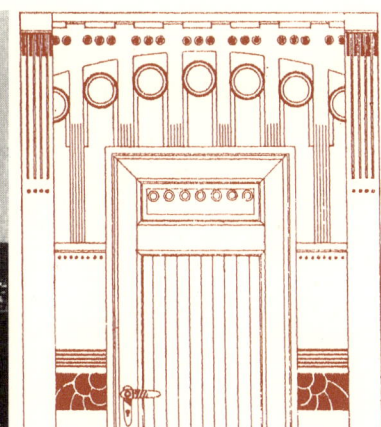

個々の形は，民族によって，その能力，その表現方法や見方に応じて作り続けられ，発展させられ，ついに時代の美の理想に対応するまでになったのである。

どの新しい様式も，新しい構造や，新しい材料，新しい人間的な課題や見方が既成の形の変更と改新を求めることによって，前の様式から，徐々に成立したものである。

世界を揺るがす出来事が国の存在を狂わせるとき芸術は沈黙するなら，民族がその活力によって強さと識力を獲得し，ついに平和に達するとき，芸術は，つねに新しい花を開く。大きな社会的変転は，つねに新しい様式を生み出してきた。

このように，つねに，芸術とそのいわゆる様式は，ある特定の時代の美の理想の全く必然的な表現であった。あらゆる時代の芸術家は，与えられ伝え

V.

49

ホーフパビリオン：随員控室

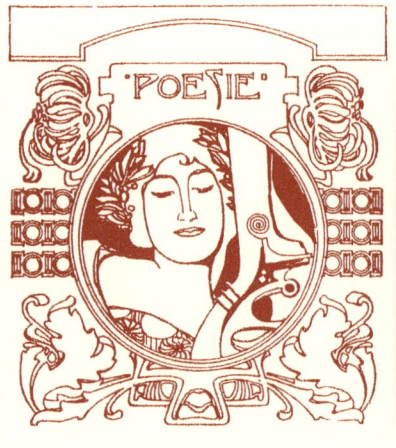

られたものから新しい形を作り，それによって自分の時代の芸術形態を表すという，厳密に決められた課題をもっていた。

芸術と芸術家はつねにその時代を表していた，ということが証明されたと考えてよい。

激しく揺れ動くわれわれ19世紀の後半も，また，固有の芸術観のための表現や形を探ってきたことは言うまでもない。しかし，事物は，どの芸術的展開よりも速やかに進行した。したがって，遅れを取り戻そうと急ぐ「芸術」がいたる所に救いを求めて，見つけられると思い，そこで，多くの「芸術家」が「見つけた」＊ヘウレーカと叫び，その信奉する見解に共感する弟子たちを求めて見つけたとしても，きわめて当然ではなかったであろうか。

過去数十年の間あらゆる傾向の様式が急いで通り過ぎて行ったのは，上に述べた風潮の結果である。

50

V.

ホーフパビリオン：随員控室

　ドイツにおいて，大きな政治的な出来事の後に，「古ドイツ様式」という言葉が呼び起こした衝撃的な影響を，誰も覚えているであろう。

　あらゆる高調した様式宣言と熱烈な応援演説は，50年このかた，世界の芸術観を正しい道に進ませるはずであったが，今日それらを平静に偏見なく調べて見れば，それら様式の使徒たちの大変な間違いを思いやりの微笑みをもって認めることができる。

　最初の芸術的酔夢が消えたとき，創造されたものが動機のない不適切なものであることが分かった。いわゆる様式は，かつてはみな十分に正当な理由を持っていたこと，そしてわれわれ近代の時代のためには，他の表現を探らなければならなかったことが明らかとなった。また，これまで創り出されたものが昔の良い手本を思い出させてわれわれに束の間の満足を与えたとしても，どれも，芸術的酔い醒めの

V.

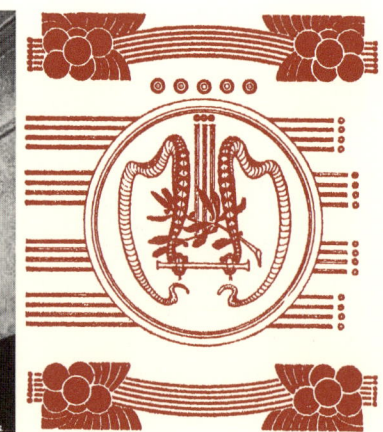

市営鉄道，カールスプラッツ駅：細部

　悔いを抑えることはできなかった。なぜなら，出来上がった「芸術作品」は，考古学的な研究の成果にすぎず，ほとんどどのような創造的な価値をも持たなかったからである。

　芸術の課題，それゆえまた近代の課題は，いつの時代の課題とも同じである。近代芸術は，われわれが創り出すものに形を提供し，そしてそれらの形がわれわれの力やわれわれのすること，させることを表現するものでなければならない。

　＊ミケランジェロ，デューラー，ルーベンス，また＊フィッシャー・フォン・エアラッハなどが，絵画，彫刻，建築を創造したとき，それらの芸術作品にはつねに巨匠とその時代固有の刻印が押され，それらの芸術家は自分の作品に特定の様式を与えようとか，過去の世紀の表現方法を写そうとは思わなかった。

　上に述べたこととは反対に，今日の芸術家たちに

52　　　　　　　　　　　　　　　　　　　　　　V.

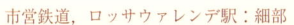

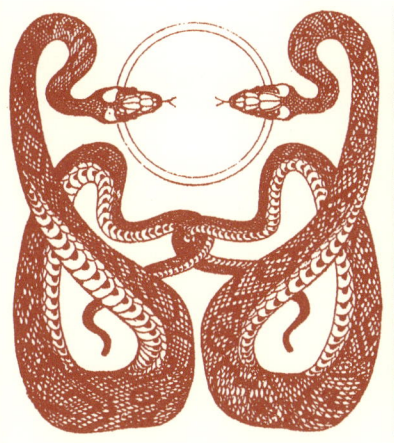

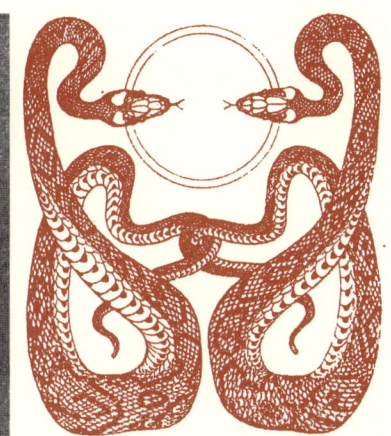

市営鉄道，ロッサウァレンデ駅：細部

　は，できるだけ正確に古いものを再現しよう，いやそれどころか，古い作品に今日までに現れた気候の影響による変化をも模倣しよう，といった努力さえ実にしばしば見られる。

　それはしかし，近代芸術の課題ではありえない，そのような「芸術形態」を近代世界と並べることに何の矛盾も見ないことは，どのような芸術感情をも欠いていることを，確かに示している。

一二 三，様式の絵をみれば上に述べたことはさらによく説明されよう。
　色彩鮮やかに塗り上げた，ギリシアの神殿，色とりどりの彫像を飾った林苑，裾をたくし上げ，日に焼けた美しいギリシア人，調和ある色の神聖なオリーヴの木，濃く青い空，揺らめく熱い大気，鋭く画かれた影——それはまさに一幅の絵，

V.

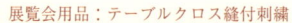

展覧会用品:テーブルクロス縫付刺繍

一篇の交響曲である。

　ゴシック聖堂,色とりどりの窓を通してきらめくローソクの無心で敬虔な光,背割れの入った穏やかな色の短い外套と上衣を着て聖堂を訪れる人びとの群,香の煙り,鐘の音,オルガンの響き,しばしば暗く曇る空——これもまた一幅の絵である。

　豪奢な重い衣装とかつらを着けたフランスのルイ13世から16世までの王国,宮廷の女官と廷臣たち,礼儀作法,豪奢な唐草模様で飾られ,最後に簡素となった大広間,下層の民衆から遠くにあって様式化された庭園における牧歌劇——一連の絵である。

　これらの絵からごく小さな部分でも取り去って,代りに別の様式の一部を入れようとすれば,それは和音の中で不協和音のように響くであろう。

　いま,絵がわれわれと調和するべきであるなら,芸術とその形は,絶対に避けられないもの,人間と

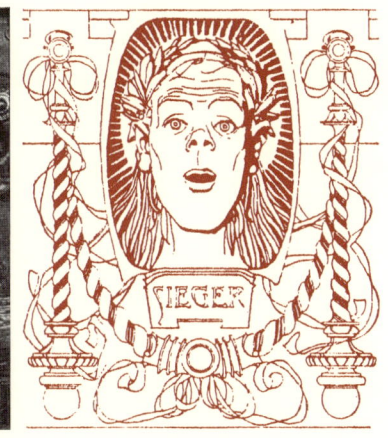

展覧会用品：テーブルクロス縫付刺繡

その外見と努力に，適合しなければならない。

上に述べた様式の絵は，これまで，見落とされていた好みと流行と様式の深い関連を論理的に認めさせてくれる。

少し観察力がありさえすれば，人間の外見，衣服は，色と形と装いが，その時の芸術観や芸術作品に完全に対応している，いや，他には絶対に考えられない，という確信が呼び覚まされるに違いない。

どの時代も，どの様式も，そのことについては，例外でなかった。この事実は，衣装の絵と同じ時代の建築作品を比較して見れば，まさに明白であり，それらを一緒に描いた絵を見ればさらによく分かる（カルパッチオ，カロ，ボッシュ，ル・ポートル，チョドヴィエッキ，カナレット）。

V. そう，この問題を進めてゆけば，ついに，過去の

市営鉄道，上デュプリング駅

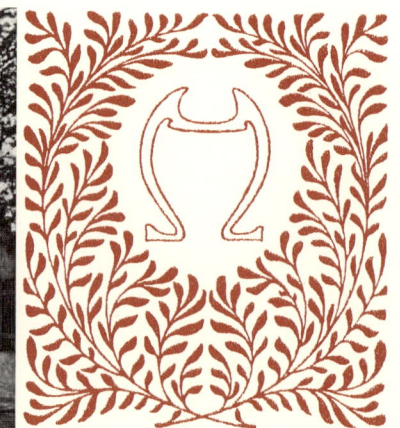

世紀の巨匠たちが，人物を彼らの父祖の服装で表現しようとしたなら失敗したであろう，という確信にいたる。彼らの見方，感じ方は，つねに彼らの時代の形にだけ対応していた。鉄筆と絵筆が創り出したものは，つねに彼らの時代に固有の様式であった。

　今日，何と全く違っていることか。

　様式の寄せ集め，すべては写したものであって，青錆さえつけてある。そして，それらがわれわれの外見と調和しなければならないのであろうか。

　この問いに力強く「否」と答えるには，芸術家である必要はない。

　それでは，どこに誤りがあるのか，どこからこの流行と様式との不調和は来たのか。

　近代の人間は確かに趣味を失っていない。人びとは今日，どんな小さな流行の誤りにもこれまで以上によく気づく，そして，それを見つけることは以前

市営鉄道，ショッテンリンク駅

より確かに難しくなっている。

　われわれの服装，われわれの流行は一般の人びとによって決められ，正しいとされるもので，その点では，誤りを指摘する余地は全くない。それゆえ，そこに不調和を求めるべきではなく，したがって，不調和は，当然今日の芸術作品にあるに違いない。そして，その通りである。

　近代の見解が生み出したもの（もちろん芸術的な形にまで成熟したものについてだけの話である）**は，われわれの外見と完全に調和するが，古い手本を写したものやまねたものとは決して調和しない。**

　たとえば，近代の旅の服装の人は，駅の待合室や寝台車やあらゆる乗物に，きわめてよく調和する。しかしルイ15世時代の服装の人がそのような施設を使っているのを見れば，誰も目を疑うであろう。

　一般の人びとが，流行についてはこのように驚く

V.

開門，鎖格納庫：細部

ばかり敏感である一方で，芸術作品にたいしてこのように無関心である，というよりこのように鈍感であることの理由は，次のことにある。

　まず第一に，流行は，身近にあって理解しやすく影響を及ぼしやすく，様式を準備するものであるのにたいし，様式そのものは，固定し，影響を及ぼしにくい，純化された趣味を表すものであり，それを評価するには，すでに深く知り，理解していることが必要である。

　しかし，一般の人びとが大部分の芸術にたいしてなぜそれほど著しく無感覚であるか，ということの最も妥当な理由は，すでに述べたように芸術の言葉が理解しにくく，提示される作品がわれわれの時代のものでないことにある。

V.

閘門，管理棟：細部

　　正しいものを探り求めて，われわれの時代は，われわれ自身とわれわれの見解とを表現することからほど遠く，救いを，模倣に求めて，新しいものの創造や自然な形成には求めなかったのである。

　そのため，芸術家は，生きている人の脈を取ってその苦痛を和らげるかわりに，ルーペとメスで死人を解剖することとなった。

　建築以外の課題が最新のものとなっても，多くの建築的課題は，たとえば教会堂の建物は，今日も，数百年前と同じ外観であるという認識は大間違いを引き起こした。そこで，一般の人びとと残念ながらまた多くの建築家が，教会堂は直截ゴシック様式であることを望む一方，国会議事堂はギリシア様式で建てることはできるが，電信局や電話局はゴシック様式では建てることはできない，という見解になる

V.

展覧会：パリ：宮廷庭園

のである。ここで，彼ら皆が，ただ一つ忘れていることがある。それは，これらの建物に出入りをする人びとはすべて同じ近代人なのであり，今日では，脛を丸出しにして古代の凱旋の戦車を国会議事堂に乗りつけたり，また背割れの入った外套で教会堂や市庁舎に行ったりする習慣などない，ということである。

これに関してなされた，そしてなされている誤りは，すべて芸術家だけの責任である。それについての言い訳としては，前に述べたように，正しいものを求めて急いだことしか挙げられない。

「目を引く効果」や，現存のものとの過剰な一致を求めたことも，同様に，異常な花を咲かせることとなった。

最近の市庁舎の設計競技では，建築家も，専門と非専門の審査員も，建てるべき建築作品を，周囲の

展覧会：パリ：宮廷庭園

古い「目を引く」環境に一致させようと，大いに努力し，いわば，舞台背景の方式から出発したが，市庁舎が新しく建てられると続いて周囲のすべての家の建て替えが起こり，ついには「古い」市庁舎が近代的な家に囲まれることになった，ということは考えていなかった。

　もう一つ，これもまた市庁舎の設計競技で，53の計画案のうち52——何と52——案がゴシック様式か古ドイツ様式でなされていた。

　しかし筆者は，ここで基準となる要因は決してゴート人でも古ドイツ人でもなく，自覚をもった，確固とした近代ドイツ人であったこと，そしてまた市庁舎の造形にあたって，近代ドイツ人の個性が，自らのための芸術的表現方法を得ようと努めたことを知った。

V.　　　まねたものを無条件に現存のものに適合させよう

市営鉄道，ハイリゲンシュタット駅：細部

とする芸術的努力は，そこに一種の精神的な貧しさと自覚の無さがあることは別として，まさに誰かが過去の世紀の衣装で，それも貸衣装屋からの借り着で近代の舞踏会に行くような印象をつねに与えるに違いない。

それゆえ，それは，近代の建築芸術の進むべき道とすることはできない。そこを進めば，それこそ，近代の建築芸術はあらゆる創造の力を奪われることになるであろう。

近代の創り出すあらゆるものが近代の人間に適合するべきであるなら，新しい材料と現在の要求に対応しなければならず，われわれの特有のよりよい，民主的な，自覚した，理想的なあり方を明示し，そして巨大な，技術的，学問的な成果と，人間の一貫した実際的な特徴をも

V.

市営鉄道，ハイリゲンシュタット駅：細部

考えに入れなければならない——これは自明なことである。

　そのために，近代の芸術はどれほど巨大な仕事を任されていることか，そして，われわれ芸術家は，与えられた課題と取り組む力があることを世に示すため，どれほど熱意をもってその仕事に取りかからなければならないことか。

　われわれが正しい道を進むならば，人間が生まれ持った，美の理想を見分ける力が，全く自ずからのように正しく現れて，建築の言葉は理解されるものとなるであろう，そしてわれわれを表す様式が創り出されるであろう。

　いや，それだけではない。

　われわれはこの変動のまっただ中にいる。模倣と惰性の広い道からたびたびのこの脱出，芸術に真実をもとめるこの理想への志向，解放へのこの憧れ，

食事室，中央部分

それらは，確かな勝利の行進を阻むすべてのものを押し倒しながら，巨大な力をもって突き進む。

芸術は，つねにそうであったように，人間に自らの理想の姿を目の前に保たせるための，力を持つであろう。

この変動はしかし非常に強烈なので，ルネサンス*のルネサンス（再生）として語ることはできない。全く新しい発生，誕生（ネサンス）が，この変動の中で行われたのであり，何と言ってもわれわれは，ルネサンスの先人たちが伝承されたわずかな題材と少数の近隣民族の交流しか持たなかったのと違い，われわれの社会的関係と近代の成果の力によって，人間のあらゆる能力とあらゆる知識とを自由に使うことができるのである。

この新しい，近代様式は，われわれとわれわれの時代を表すために，これまでの感覚の明らかな変革

洗面所

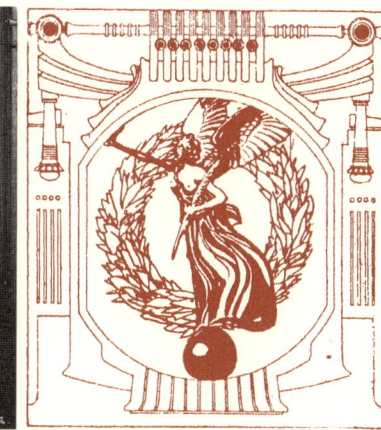

とロマンチックなもののほぼ完全な衰退と，そしてほとんどすべてのものを支配する理性の出現とを，われわれのあらゆる作品にはっきり表現しなければならないであろう。

以上に述べた基盤の上に打ち建てられた，この生成する様式，われわれとわれわれの時代とを表す様式は，過去のすべての様式と同様に，その発展に時間を必要とする。だが速やかに生きるわれわれの世紀は，ここでもまた，これまでより早くその目的に達しようと努力する。そしてそのため，世界はやがて自らも驚くほど早くそこに達するであろう。

　このような見方によれば，近代の建築創造の基盤として一つの様式を選ぶということは全く話にならない，むしろ建築家は，新しい形を創り出すように

市営鉄道，カールスプラッツ駅

　努めなければならない。すなわち，われわれ近代の構造と必要に最もよく合致する形，それゆえ真実に最もよく応ずる形を作り続けるように努めなければならないのである。

　建築家は，豊かな伝承の宝庫に入ることはできるが，そこで選んだものを模倣するということは話にならない。そうではなく，伝承されたものを新しい形造りによってわれわれと目的とに適合させるか，あるいは既存の手本の効果から自分の意図する効果を見つけ出すのでなければならない。

　この進展は，すでに述べたように，漸進的にしか進まず，そこに，同時代の人びとの励ましと助力が必要であることは，言うまでもない。

　新しい美の理想を打ち立てるために，いたる所でどのような動きがあるか，芸術家たちがどのように苦労しているかを偏見のない目で調べて，これまで

市営鉄道，アーチと通路貫通

何が生成したかを見れば，**近代とルネサンスの間には，今日すでに，ルネサンスと古代ギリシアの間にあるものより大きな隔たりがある**ことが，確信されよう。

V.   67

市営鉄道，ツァイレ高架橋：細部

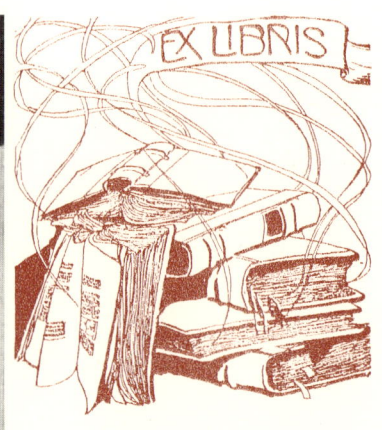

構　成[*]

芸術は，すでにことばが示すように，技能（術）である。それは，少数の選ばれた人びとによって高められ，完成された，美しさに感覚的な表現をあたえる能力である。

その表現が目によって認められるとき，この能力は「造形芸術」という概念に対応する。

造型芸術のうちで，絵画と彫刻は，つねに自然をそれぞれの手本とするが，建築は，人間の創造力を直接の基盤とし，そして，加工されたものを，全く新しく造形されたものとして提供する，と理解されている。

この新しい創造の芽は人間の生活の中に自らの

市営鉄道，ホーフパビリオン：細部

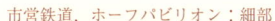

肥沃な土壌を有し，そこに，芸術が芸術家を通して解決しなければならない課題が生ずる。

　人間が必要とするものを正しく知る，というこの課題が，建築家の実り豊かな創造の第一の基本条件である。

あらゆる建築芸術の創造の始まりは構成である。

　知られるように，建築の構成のための処方はない。しかし，これまでに述べたことを考慮するなら，以下に述べることは構成の出発点となるであろう。

　良い大きな構想は，鉛筆を動かす前に，なおよく把握し，十分に考慮しなければならない。それが，稲妻のように閃めいたか，あるいはゆっくり現れたか，頭の中で練り直し，磨きをかける価値があるか

食事室用椅子

　どうか，最初の狙いで当たったか外れたか，何度も繰り返し把握し直さなければならないかどうか，といったことはどちらでもよい。はるかに確かなことは，優れた基本構想とその十分な練り上げが，今日では重要となり，芸術家の自然な無意識的な能力が咲かせる溢れた花より，はるかによく作品の価値を高めてくれる，ということである。

　今日，人びとに浸み渡っているある種の実際的な要素はどうしても除くことができないものであり，結局，どの芸術家も，**「実際的でないものは美しいとすることはできない」**という命題を認めなければならないであろう。

　続いて，以下のことは正しいと言うべきである。すなわち，基本構想を把握した後，建築計画に応じた要求必要事項を，

70

VI.

寝室，洗面所用家具

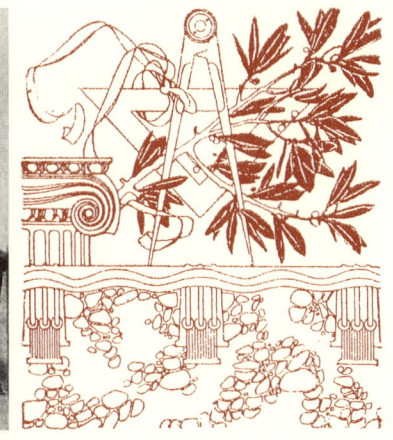

単純明快に配列し，こうして作品の骨格をつくる。この配列に続いてまず第一に建物が扱われるので，あれこれと試みながら部屋の入れ替えや形の変更を行ない，できるかぎり明快で軸線の通った，単純な解決を創り出し，いわゆるアカデミック*な平面図，一つの建物の型を成立させるように，平面図の練り上げをしなければならない。

単純で引き締まった平面配置はつねによい結果をもたらすものであって，将来の建物の内部の勝手は分かりやすくなり，いつも望まれる安い建設費が，得られるであろう。建物の外観の形造りも，これと歩調を合わさなければならないことは，言うまでもない。

このようなやり方が，すべての建築の設計に勧められるとすれば，設計競技においても，よい結果を望まなければならないとき，まさに必要条件として

VI.

市営鉄道，照明ポール：細部

勧められるであろう。

　大きな間違いとしてつねに指摘するべきことは，要求される内部構造に気に入りの外観のモチーフ*を取り付けることであり，まさにそれによって犠牲を強いることである。そのとき嘘は免れず，それから生ずる形は嘘と同じように不快な印象を与える。

　理由のない張り出し*や塔や丸屋根を見せびらかしたり，宮殿の仮面をつけて誇らしげにしている賃貸集合住宅や，石の形をしているが鉛でつくった何も支持しない持ち送り*など，すべて同様に愚鈍な印象を与え，まさに芸術的嘘である。

　本質的に，どの構成も，使う材料と適用する技術の影響を受けるが，そのことは，後に詳しく論ずることにし，ここでは，構成は，つねに材料と技術に従わなければならず，

市営鉄道，照明ポール：細部

その反対はありえないことを述べるだけにしよう。構成は，それゆえ，使う材料と適用する技術を全くはっきり分からせなければならない。このことは，記念的建築であれ，ごく小さな装飾の設計であれ，当てはまる。

＊モニュメント

構成は，なお他の多くのことに，はっきりと分かるように従わなければならない。それらの中で，きわめて重要なことは，自由に使える金銭的手段，地形，対社会的な配慮，予想される耐用年限，周囲との美的な調和の要求，内的構造に完全に対応した外観などである。

つねにそうであるように，上に挙げた場合でも，真実を求める努力が，建築家の導きの星でなければならない。そのときには，建築作品の性格と象徴がおのずからのように形成されるであろう。すなわち

VI.

市営鉄道，ゲルストホーフ駅：プラットホーム

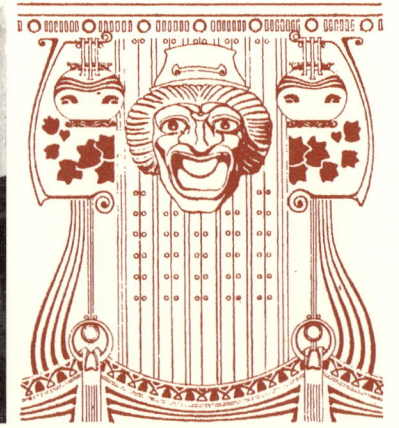

教会堂には神聖さが，国の行政庁舎には重々しさと厳めしさが，娯楽施設には陽気さが，などといったことが保持されよう。

実にしばしば構成は，造成される施設全体にまで拡大されなければならず，そしてそのとき建築家は，効果の増大，見せ場の用意，視線を停める点の創設，などと呼ばれる，あらゆることを自分の技能によって統御し確定するという待望の機会が与えられる。

われわれ近代の時代は，大都市へのかつてない，人口集中の要求による大きな影響をまさしく受け，そしてそのことから生じたある種の大きな活力が，近代の創り出すものに，しばしば満ち満ちている。それ故ここで大きな満足をもって確認されることは，われわれ近代の芸術は——技術工学の恐るべき

市営鉄道，ハイリゲンシュタット駅：玄関ホール

進歩によって可能となった大きな建築的創造は別としても——総合的な庭園施設や広場や街路の設計，記念像の配置，並木の通りの設定などにおいても，＊ルネサンスのものとも，古代のものとも，比較することのできないものを創り出している，ということであろう。

　今ここで，近代の創造的な建築家たちに，力強い励ましの「前進」を呼びかけ，そして，あまりにも親密すぎる古代崇拝に警告を与え，それによって，たとえわずかであろうと，自覚を取り戻させたい。その自覚がなければ，大きな行動は，決して起こりえないのである。

　構成には，建築芸術的戦略とも言えるものが含まれている。その一つを，姉妹芸術の彫刻や絵画との適切な共同作業と理解

銀打出しバター・砂糖皿

されよ。そのような場合，建築家は決して指揮棒を手放してはならない。建物の内外の装飾を扱うときでも，記念像(モニュメント)を庭園や街路や広場に飾るときでも，指揮者の役割は建築家だけに保持されなければならない。なぜなら，すべては建築家の抱く基本構想に従わなければならないからである。

　このことについての誤りは，すべての記念像(モニュメント)の問題にまさに見られ，そしてほとんどつねにある誤りである。どの記念像(モニュメント)も，それが立てられることに決められた広場を形づくる一部分なのである。なぜなら広場は，記念像(モニュメント)がそこの構成のなかに入れられる前にすでに存在しなければならないからであり，それゆえ，広場が記念像(モニュメント)に調和するのではなく，つねに記念像(モニュメント)が広場に調和するのでなければならないからである。

　この種の誤りは，いつも製作する芸術家の責任で

銀打出し紅茶ポット・薬罐

あり，通常その原因は，作品が広場の決定よりすでに先に完成していたか，あるいは芸術家が，自分の代りに自分の作品が親しく見られなければならないという——残念ながら広まりすぎている——見解を抱いて，すなわち個人崇拝の祭壇を要求して，広場の大きさや周囲の高さ，シルエットの作り，背景，群のまとめ，などの要求に全く従わなかったことにある。このようなことについての判断は広場を創る人の権限に属さなければならない，ということをも言っておかなければならない。

　建築芸術家は，建物と彫像との関係や彫像と彫像との相互関係に，大いに価値を置かなければならない。それは，彫像を飾るところが広場であろうと建物であろうと，室内(インテリア)，部屋であろうと同じである。

　使われる彫像と広場や建物全体との大きさの関係は自ずから決まるわけではないが，大きすぎても，

寝室：板張り・額入素描

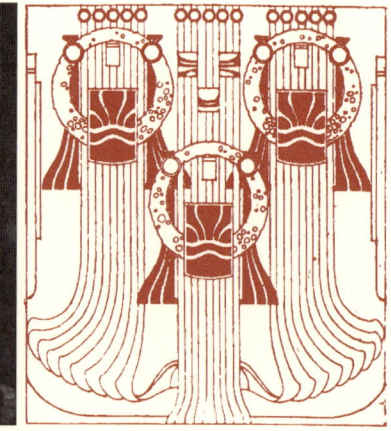

小さすぎても，同様に，不都合な効果を与えることだけは確かであろう。一つの広場や建物に飾る彫像の大きさの関係を二つあるいはそれ以上にすると，巨人と小人を見るような感じになるに違いないことは明らかである。同様な相互作用は装飾と建築とのあいだにも成り立ち，そこでも，不適切な関係は，全体の姿に非常に害のある働きをすることになる。われわれ近代派は，彫像や装飾を使うにあたって，印象派[*]のようなやり方をして，目にたいする確実な効果が期待される線だけを取り扱う。結果として，新しい様式には，構造の形を外見の形に移し入れる（合流させる）こと，一般に彫像装飾をできるかぎり使わないこと，構造の部分として彫像を指定しないこと，装飾の形の明快なこと，その他多くのことが現れてくる。

寝室：板張り仕上げ・家具

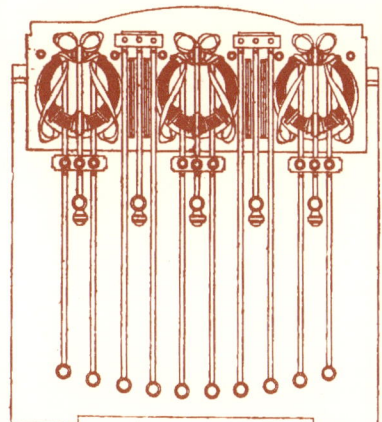

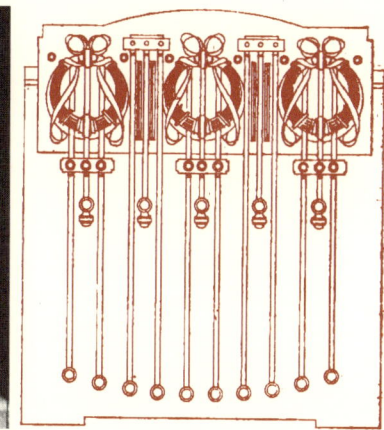

構成にはさらに芸術的経済性が含まれる。このことは，われわれに伝承された形や新しく創造した形を使ったり仕上げたりするにあたっての極限に達するまでの抑制，近代派の考え方に対応する抑制，と理解されよ。

特にそれは，丸屋根，塔，4頭立ての戦車，円柱などという，芸術的な感覚や記念的な高揚した感情を高く表現する，と見られている形に当てはまる。この種の形は，一般に完全に意味づけられていて，頻繁に使いすぎれば，つねに逆の効果を生むので，少なく設置するべきである。

生まれる作品がわれわれの時代を忠実に反映するべきであるなら，単純で，実際的で，軍隊式な──とでも言いたい──われわれの見方が完全に十分に表現されなければならず，それゆえ，あらゆる誇張は避けるべきである。

賃貸共同住宅，ヴィーンツァイレ：階段

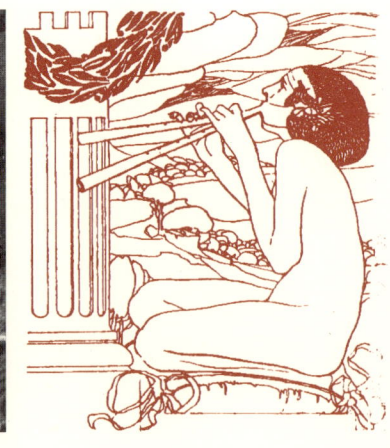

しかし，上に述べたことに反対するためでなく，感情における真実により近づくために，ここで強調しなければならないことは，異なる国の建築芸術家は異なる豊かな形を使うべきであり，それによって「土地の精神」が表現される，ということである。それゆえ，全く当然なことではあるが，たとえば，南ドイツ人，北ドイツ人，フランス人，イギリス人，イタリア人などは異なる美の理想を持たなければならず，そう，つねに場所，時代，流行が正しく強調されて現れるように，構成はより正しい表現方法を求める努力をしなければならない。今日なお，現存するあらゆる芸術作品はかなり正確に場所，時代，状況に関係づけて特定することができる。

ここで，もう一度，以下のことを，追記として，指摘しておこう。すなわち，この本で概略を述べた構成に影響を及ぼすものをできるかぎり正確厳密に

賃貸共同住宅，ヴィーンツァイレ：廊下

　考慮することは，創り出される作品に，明らかに，現れなければならない。なぜなら，それによって，異なる場所で作品の芸術表現に違いが生ずるからである。確かに，また，国民的な要素も，この自然な方法だけによって芸術に組み込まれるべきである。文明の進んだ国ぐにıにおける人びとの表現の方法と生活の仕方が似ているため，それらの違いは決して大きくならず，主として材料と気候条件による違いだけである。

　歴史的様式をある建物のために頑固に守ったり，あるいは，ある民族のために選んだりすることは，上に挙げた理由から，不合理であると言わなければならない。たとえ，われわれドイツ人は何年か前に「古ドイツ様式*」という名称――おそらく標題だけ――によって活気づけられたことがあったとしてもである。

VI.

ヒュッテルドルフの園丁小屋

　最後になお指摘しておきたいことは，今日，非常に間違って使われている言葉，建築芸術における「親しみのある」や「親しみ」が，大都市の条件によって制約されて，街路に面するがわでの権利を失い，室内の仕上げにしか表現されないでいることである。

　構成に関するあらゆることを明らかにすることをこの本の課題とする，ということはできず，また，あれこれの主題が組み込まれる領域の境界をどこでも厳密に守る，ということもできない。それゆえ，読者には，前に述べたことと後から述べることによって多くのものを補って頂かなければならない。ここでは最も重要なことに限って，なお次のことが挙げられよう。

ヒュッテルドルフの住宅の庭園

  単純で明快な平面図の処理は，たいてい，建築作品をシンメトリー＊なものとする。
 シンメトリーの配置には，何か完結したもの，完成したもの，釣り合ったもの，増大のできないもの，そう，自信に満ちたものがあり，また，建築芸術にはつねに伴うまじめさや品格のよさは，シンメトリーを必要とする。主に広場の形，目的，手段，功利的な理由からシンメトリーを守ることができないところでしか，シンメトリーでない解決は認められない。
 シンメトリーでない建物をまねしたり，あるいは故意にシンメトリーでない構成をして目を引く効果＊と称するものを狙うことは，全く排斥するべきである。しかし古い建物がこれらのシンメトリーでないことの手本とされるようになった原因は，後の世代がシンメトリーの建物の空間配置をつぎつぎと

VI.   83

市営鉄道，ショッテンリンク駅

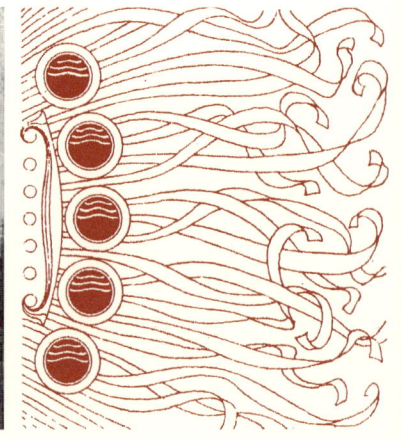

変更した結果であり，そして非シンメトリーとする意図が，元の古い建物にあったとは決して見るべきではない。

構想を練る建築家は透視図的効果に大いに重きを置かなければならない。すなわち輪郭，量の分割，蛇腹の出，壁面の出入，側面の彫像，装飾などを**一つの視点**から正しく強調されて見えるように整えなければならない。その点は勿論，作品を最も頻繁に，最も容易に，最も自然に見ることができる所であろう。ほとんどすべての記念的な芸術は，それを創った人がこの効果にどれほど大きな価値を置いていたかを示し，特に建築家が視距離を限定して，そこから見て他からは見ないように強いる例もある。狭隘な街路の建築作品は，それゆえ広い通りや広場にあるもの，あるいは遠方

市営鉄道，ブリギッテ橋駅

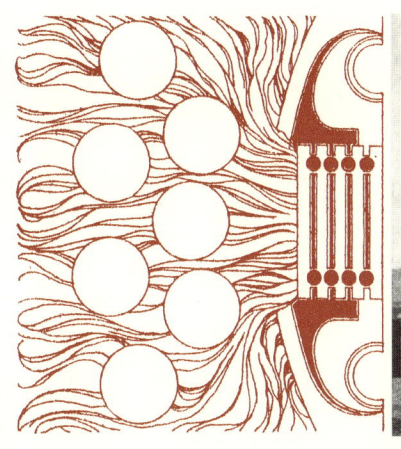

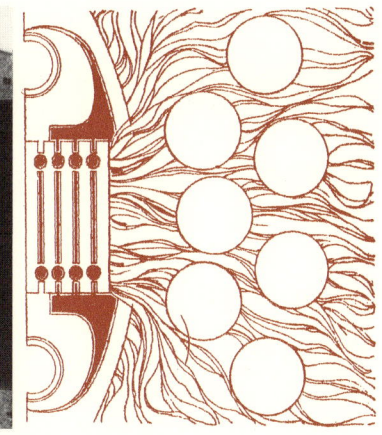

の効果に適したものとは違う輪郭を描き，より平な装飾とより繊細な構造とを示さなければならない。そう，それらの形は，時には1mから2mほどの街路の拡幅をさえ考えに入れなければならないほど微妙である。

　また，二つの視点のために構成されていることが全くはっきり分かる建築作品もある。多くの円屋根や塔をもつ建築，凱旋門などはこのことをはっきり示している。そこで，そのような建築作品の外観の目的は確実に二つある。すなわち正面とその細部は広場や街路から見る人を満足させなければならず，他方，高く豊かなシルエットを描く上屋は，眺望を形成する一部となり，あるいは都市的景観の響きに共鳴して，遠くから見ることのできる特徴ある目標にならなければならなかったのである。

　この点で特に繊細な感覚のものとして，バロック

VI.

85

市営鉄道，ホーフパビリオン：天井細部

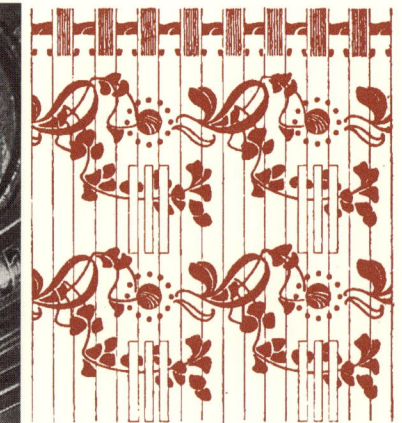

　の作品を挙げなければならず，それゆえ，透視図的な効果と，よく測られた視距離についてだけでも，バロック建築を研究することを建築家になる人たちに熱心に勧めなければならない。

　この効果は，それほど繊細ではないがなお十分に精妙にゴシック期の建築芸術に現れている。近ごろ非常に好まれているゴシック聖堂の周辺の取り払いは，当初は意図されていなかったことは確かであるから全く排斥するべきであり，その種の取り払いはすべて失敗に終っている。*パリ，*ケルン，*ミラノの聖堂の視距離が変更されたことが，そのことをよく物語っている。

目がどの芸術作品を見る場合でも，視線を停める，あるいは視線を注ぐ点を求めることは人間の感覚に固有な特性である。

VI.

市営鉄道，ホーフパビリオン：家具

　なぜなら，そうしないと，苦痛な不安感，審美的な不快感，が生ずるからである。このことはつねに，建築芸術家に，注意の視線が集中する焦点を設けるようにさせるであろう。
　広場や大きな建築物や部屋における中心や軸線を強調することの不足，消点のない街の見通し，根拠のないあらゆる非シンメトリーなどは，上に述べた要求を満足させないので，この誤りに属する。

　建築芸術の構成がより強く働きかける重要な人間的な特性は，感覚的な効果を高めたいという要求と願望にあり，それらを満たした後にはじめてより高い満足が得られる。
　たとえば，大きな記念的(モニュメント)な施設が与える印象が，どのように感覚に受け入れられるかは，およそ次のように説明されよう。まず全体像が漠然と把握され

VI.　　　　　　　　　　　　　　　　　87

ヌスドルフ閘門，鎖格納庫

数瞬してはじめて視線と印象がゆっくりある一点に集中され，同時にシルエット，色面の区分，輪郭，全体の配置などが働きかけてくる。

視線が停まり始める。

そこでようやく，視点をたえず変えているうちに，部分と細部の働きかけを受け入れようとする要求が生まれてくる。

このような人間的な要求を芸術的な創造によって満足させることは，建築芸術の最も難しい課題に属する。創られたものに偏見のない評価が与えられるのはずっと後になってからであるが，それは，長い製作期間と徐々にしか熟さない一般の人びとの理解とを必要とするからである。

このような課題を解くための法則は，把握された構成の基本構想を形成するものとなり，しばしば，そのような作品の創造者の啓示のようにはたらく。

VI.

ヌスドルフ閘門，細部

それらは，いわば，建築の対位法である。

幾つかの示唆が，これらの言葉の解明に役立っていよう。それらは，建築芸術家が，課題の芸術的な解決を目ざすために，特にどこに注目するべきかを示すものである。

すなわち，

どのような種類の設計であろうと，つねに見る人の水平の視角と垂直の視角を考慮すること。

個々の建築作品を一つの総合的効果（建築作品，建築群，広場の壁面などのシルエット）にまとめること。

日光と雨，雪の影響（方位に対する配置）を考慮すること。

地形と背後の風景を十分に利用すること。

屋外でも室内でも，既存の眺めや見通しの新しく正しい使い方を受け入れること。

展覧会陳列棚:銀製品

　街路の計画にあたって，つねに突き当たりの姿を考慮すること。

　視線を停止する点を，正しく強調し，よい位置に定めること。

　屋外でも，室内でも，軸線の断絶を正しく位置づけ，示すこと。

　重要な街路（並木通り）の終結点を，十分適切に強調すること。

　都市，広場，街路の景観に関連づけて考慮される建物と記念像(モニュメント)の大きさと意味。

　作品の性格が，明快で，直ちに容易に理解されるようにすること。

　どの作品でも，目的を十分に満足させること。

　どの建物でも内部の部屋の配置が容易に判るようにすること。

　室内における寸法設定，配列，彩色による効果，

展覧会陳列棚：銀製品

　音響のこと，見通し，十分な採光について考慮すること。

　そして，その他多くのこと。

　建築作品の解決が上に述べた人間的な要求を満足させ，そして高められた効果，用意された見せ場，視線を停める点，外観の正しい限定，十分な満足，についての感覚を目覚ますべきであるとするなら，そのことは，建築芸術家に高い能力と綿密な考慮を求めている。

　また，このためにもルネサンスとバロックの巨匠たちが，われわれに優れた例を残している。近代の時代は，すでに述べたように，あらゆる大きな寸法を特に重んずるが，ここでもまた多くの場合と同様に，そのような刺戟と伝承をたくみに役立たせて，われわれが正当な誇りをもって眺めることができるものを創り出している。

賃貸共同住宅，ヴィーンツァイレ：玄関ホール細部

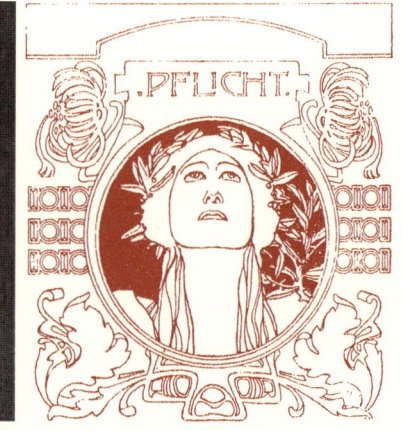

　ところで，*ヴィーンの王宮の建設中である中央の建物から望まれるマリア・テレジア広場の眺めは，*ゼンパーの設計による後方を塞ぐ建物が完成されて古い城門が撤去されるなら，効果，見せ場の用意，よく考慮された輪郭，シルエット作り，視線を停止する点などにおいて，おそらく，比類のないものになるであろう。

　こに述べたことはすべて，建築芸術家となる人たちの考えに影響を与えることができるものであり，これらがなければ，芸術家の才能は全く価値のないものとなる，ということはおそらく強調する必要はないであろう。
　建築家が持たなければならないあらゆる特質が，まさに構成にあたっては，幻想や趣味に反対して，目立たないものであるが，それらだけが，人間の

賃貸共同住宅, ケスラー小路：玄関ホール細部

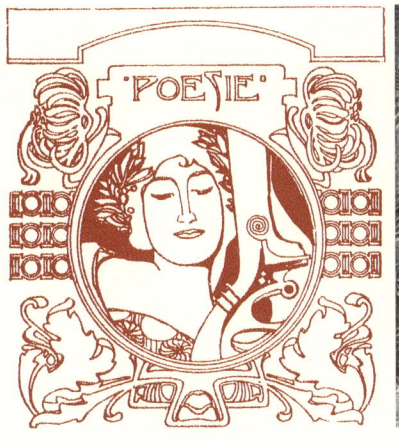

心を喜ばせ，高めてくれる花の魅力をもたらすことができるものなのである。

市営鉄道，マイトリンク駅

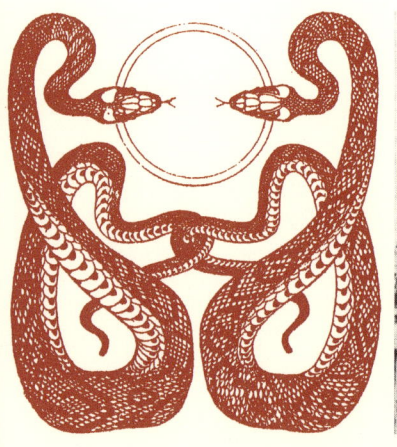

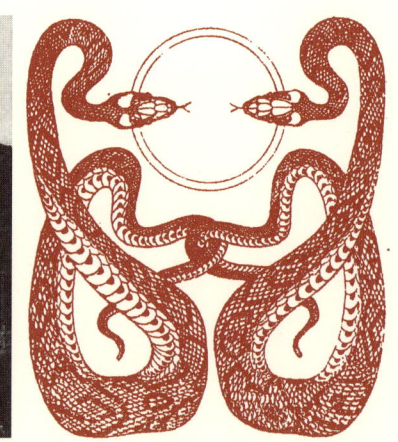

構造

厳しい気候や人間，動物から身を護る場を必要とし，求めたことが，確かに，家を建てることの最初の誘因であり，本来の目的であった。

家を建てること自体にあらゆる構造の芽があり，構造は目的とともに発展を続ける。

そのような創造は全くの効用の概念に対応する。それだけでは十分ではなく，人間にある美の感覚が芸術を呼び寄せ，家造りにつねに伴わさせた。

こうして，建築芸術が生まれた。

小屋や洞穴を花や花輪(リース)，分捕品，武器，記念の石で飾ったことが，確かに，それらを模造しようとの最初の感情を呼び起こし，そして最初の芸術，建築

市営鉄道，カールスプラッツ駅

芸術が，姉妹芸術である絵画と彫刻の生命を目覚めさせた。

　姉妹芸術の作品は，美の自立的な創造である。

　必要，目的，構造，理想は，それゆえ，芸術的な生命の原萌芽である。それらは，一つの概念に合一し，あらゆる芸術作品の生成と存在のための一つの作法「必要」となる。これが「**芸術を支配するものは必要だけ**」という言葉の意味である。

　この真理にわれわれの注意を最初に向けさせたのは他でもないゴットフリート・ゼンパーであった（残念ながら彼は後にわき道に免れた）が，このことだけでも彼は，すでにかなり明らかに，われわれに進むべき道を示していた。

　必要と構造は努力する人間と同じ歩調で進むが，超然と歩む芸術はそれに従うことができない。

VII.　それゆえ，全くの効用の原理が芸術を押し除くの

市営鉄道，ドナウ運河線：細部

ではないか，との恐れが迫っているように見えた。実際，一時それは一種の戦いを引き起こしさえしたが，その戦いは，現実主義と理想主義との対立に橋が架けられないと考えられていた点で，正しくはなかったと解されよう。

　この理解の誤りは，効用が理想を完全に押し除くことができると仮定し，さらに，人間は芸術なしに生きることができると結論したことにあり，逆に，効用と現実主義が先行するのは，芸術と理想主義を実現させる行為を用意するためである，と理解するべきである。

ど の芸術も，その発生から今日まで，この経過，この生成は，同じであり，過去を一目見れば，そのことははっきり判る。

　人類の最初の家の形は，屋根，防護のための蔽い

市営鉄道，郊外線：橋細部

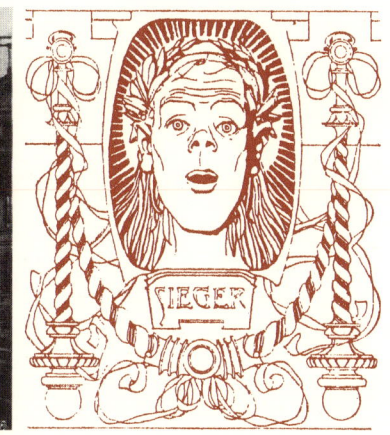

であり，洞穴が足らないとき代りをしたものに違いない。屋根は，柱より，壁より，もちろん炉よりも先にあった。屋根のつぎに柱，木の幹や石で作ったものが現れ，最後に木の枝や草を編んだり組んだり土や石を積んだりした壁が現れた。

　これらの建築要素は定住地の移動や道具や自然との関係によって，さらに発達していった。柱，壁，屋根組その他の基本的な形は，伝承されて，たえず新しい目的と作り方が加えられ，さらに，人類の美の感性から生まれた芸術をともない，測り知れない長い発展を経て，次第に，芸術的な形に高められてきた。

　まさにこのようにして，芸術は，成立することができたのである。ここで述べたことが正しいことについてはおそらく疑いはないであろう。

VII.　　さらに歴史時代のあらゆる芸術の形を調べれば，

市営鉄道，ホーフパビリオン：車寄せ

　それらの**構造**は，発生の時から今日まで，あらゆる様式の時代に関係なく，ほとんど途切れることなく徐々に生成してきたことが，容易に証明されよう。

　理論的に考えれば，そのことから，われわれは，**「どの建築の形も構造から生まれ，次第に芸術の形になった」**という命題が揺るぎないものである，という確信に導かれるに違いない。この基本命題は，あらゆる分析の基盤を支え，そしてどの芸術の形をもわれわれに明らかにする。

　　す でに「様式」の章と上で強調したように芸術の形は，変化を経てきた。それらの変化が生じたのは，形がそれぞれの時代の美の理想に対応しなければならないことは別として，作り方，材料，道具，使える資金，要求などが異なる上に，異なる地方で，異なる目的を果すこと

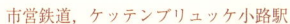

市営鉄道，ケッテンブリュッケ小路駅

による。そのことから，新しい目的が新しい構造を生み出し，そしてそれゆえにまた，新しい形を生み出さなければならない，とも確実に結論することができる。

　われわれの近代は（鉄の成果を考えるだけでも）そのような構造をかつてないほど多数もたらした。

　これらのすべての形が，今日まで完成された芸術の形になっていないとすれば，それは，前に述べた理由から説明することができ，まさに効用が芸術のためにやっと用意をしたということである。

　ここでまた，どの形造りもゆっくりと目に見えず進むことを，もう一度強調しておきたい。

　ゼンパーが，その著書『様式論*』によって，確かに少し変ったやり方ではあるが，われわれの注意をこの公準に向けさせたことは，異論なく彼の功績である。しかし彼はダーウィン*のように自分の理論を

VII.
99

銀打出し紅茶・ラム酒グラス

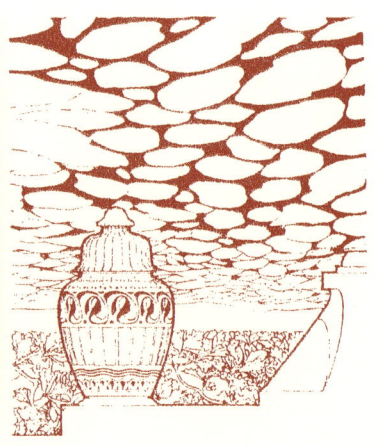

徹底的に一貫させる勇気をもたず，構造そのものを建築芸術の原細胞と見ないで，それを象徴的に扱うことで済ませていた。

　常に構造が先行するのは，それがなければ芸術の形が成り立ちえないからであり，存在するものを理想のものとするという芸術の課題は，ものが存在しなければ解決できないからである。

　われわれ固有の近代の構造に対応する芸術の形を創るのは，それゆえ，われわれ自身であり，それらを創造することは，われわれが受け継いだ，豊かな遺産によって可能となり，容易となる。

　この考察による有益な結論は非常に簡潔である。**「建築家はつねに構造から芸術の形を発展させなければならない」**。言うまでもなく，構造が，

銀打出し急須，紅茶グラス

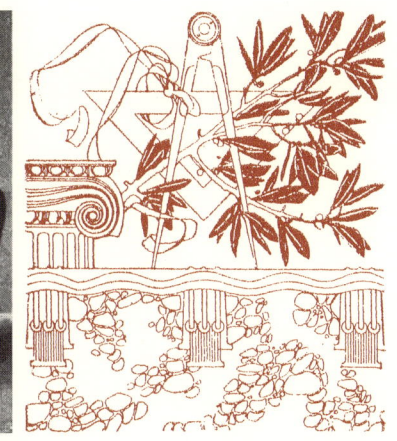

目ざす目的を果たさなければならない。

構造の途方もない価値を，近代人は直ちに把握し，それを壮大に完成するために，優秀な代表者たちを送り出した。

　この領域は，それゆえ，強力に根づき，自ずから仕事の分化に向かわなければならず，そこで今日，橋梁工学，鉄道工学，搬送工学，機械工学などと，分化した専門分野が急速にますます広く拡がるのが見られる。

　あらゆる構造の根源的思考は，しかし計算の展開，静力学的計算に求めるべきではなく，ある種の自然な工夫に求めるべきであり，それは何か発明されるものである。

　この最後の面から，構造は，芸術の領域に入る。すなわち，建築芸術家は，自然の創造する形に最も

市営鉄道，ホーフパビリオン：細部

　自然に合一できる構造，そして生成する芸術の形に最もよく適合する構造を，選び，決定し，完成し，あるいは発明する。

　使える資金と創られる物の目的によって，全くの効用と芸術遂行との境界にたえず揺れ動きが起こるが，それらの正しい平衡によって，芸術家あるいは技術者の影響は調整されるであろう。

　生成する芸術の形を考えず，ただ静力学的な構造計算と工費だけを考える技術者は，それゆえ人間への共感を欠く言葉を語り，一方，建築家の表現方法は，芸術の形を創造するにあたって構造から出発しなければ，理解されないものとなる。

　どちらも大きな誤りである。

市営鉄道，ホーフパビリオン：細部

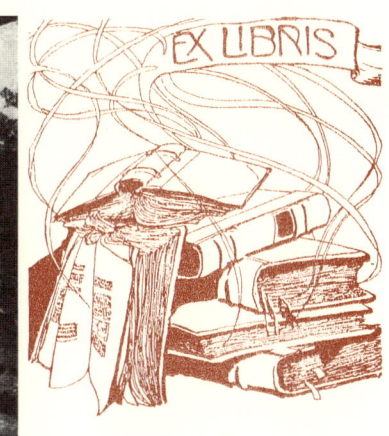

技術者が生まれつき芸術家であることは，めったにないが，建築芸術家は一般に，技術者となる修業をしなければならないので，芸術家というより建築芸術家は，時がたつにつれて，今日技術者が占めている領域にその影響を及ぼすことに成功し，それによって，そこにもまた正当な美への要求が満たされることは，確実と見ることができる。

　初め述べたように，まず効用が用意をし，続いてそれを芸術が仕上げるといったことは，それゆえ，あらゆる場合に起こり，時とともに技術者の仕事の不満な点が除かれるであろう。

　ここで誤解のないように言っておくが，芸術家によって技術者の水準が押し下げられるといったことは，全く問題にならない。なぜなら，両者の能力が一人の人間の中に秀れたかたちで合一されたことは

市営鉄道，グンペンドルフ通り駅

一度もなかった，いや，合一されることができないからである。

▶ ◀

芸術の形は，構造から成立されるように，他の多くのものからも影響を受けるが，そのようなことについては，後に論ずることにしよう。

ここでは，われわれ近代の厳しい決定的な要求と見ることのできる，きわめて重要な，問題の一つについて詳しく論じておきたい。それは，工事期間と普通は工事期間によって左右される強度についてである。

近代の建築方法は大変速くなってきたので非常に強度が落ちているに違いない，といった見解が一般に広まっているが，ある点では，全く誤っている。強度の落ちた理由は，投機が介入することに求める

市営鉄道，ヨーゼフシュタット通り駅

べきであり，投機は，芸術ともちろん何の共通点もなく，芸術の最大の敵である。

　われわれの近代の構造を，しっかり詳しく調べて見れば，状況がまさに逆であること，そして近代の構造が，工事期間と強度という，これら二つの対立するものをできる限り調整することを，特別の課題としていることが，容易に，確信されるであろう。近代の構造は，この点で，大きな成果を見せているのである。

　あらゆる時代の建築方法には，建築芸術のきわめて重大な命題の一つ「長持ちすること」に応ずるため，創造される作品にできるかぎりの安定性と不変性とを与えるという，はっきりとした傾向が貫き通っている。

　われわれ近代の状況が使われる労働時間について

市営鉄道,ホーフパビリオン:階段

完全な変革を起こした後も,芸術における,長持ちすることという原則は変わらないので,この課題を解くべき構造は,その要求に応ずるために,新しい手段を得なければならない。

　構造は,この手段を,大部分,新しい材料を使うことと機械を導き入れることに見出した。

　その影響は,もちろん芸術の形に現れ出なければならない。

　芸術家はそれによってさらに課題を負わされる。すなわち芸術家は,すでにしばしば述べたように,自分の創造する芸術の形に,構造を明らかに見せるだけでなく,見る人に,使用する材料と工事期間が正しく表現されていることを分からせなければならない。

　この種の誤りは残念ながら多すぎる。工事期間が効果や施工材料と対応しない芸術の形には,つねに

賃貸共同住宅，ヴィーンツァイレ：廊下

多少の嘘やごまかしがある。

　何も支えない持ち送りや受け石，石積みの壁面に似せて型取った鉄造りの建物，完全な石造に見せる漆喰塗りの家，そのもの以上によく見せようとする数かずの外形の細部，その他多くのものがこの部類に入る。

　しかし構造の努力が，同等か以上の強度と同等の芸術的な価値とを持つ形において工事期間の短縮を目ざすなら，それは，正しいことであり，自らの課題を果していると理解しなければならない。

　ここで，一つの例を挙げて，この見解を説明するとしよう。

　ある優れた記念的建築(モニュメント)において，上階の建築的な仕上げの主題として，柱列と梁型が設けられると

ヒュッテルドルフの住宅：細部

しよう。建物は石積みで建て，材料は多くの時間と金をかけて入手される。梁型の蛇腹の下の部分に，古代ローマ人の建て方を思わせる巨大な石の塊まりが使われ，構造上の必要から蛇腹を支える持ち送りもその石で造られる。それらの部材の入手と加工には莫大な時間と資金の犠牲が必要である。

　この建て方は，「ルネサンスの建築工法」と呼ぶべきであり，以下に，それと「近代の建築工法」を比較してみよう。

　建物の外装に（もちろん同じ条件のもとで）板石を（その平らな面に）使う。それらの板石は立積が非常に少なくてすみ，代りに高貴な材料（たとえばラーゼル大理石）で計画することができる。それらの板石は青銅の鋲（バラ型釘）で取り付けられる。薄い層に分けた軒蛇腹の突き出た部分を支えるにはボールトで留めた鉄製の支えを使い，持ち送り型の

108　　　　　　　　　　　　　　　　　　　　　　　　　　　　　　　　　　　VII.

ヒュッテルドルフの住宅：細部

青銅の覆いをかぶせる，などである。

　この比較の結果は，ほぼ次のようになろう。

　石の体積は，前の例の１／８から１／10になり，部材の数は減り，高貴な材料によって記念的な効果[モニュメント]は高まり，使われる資金は非常に少なくなり，工事期間は普通の，正常な，望みの長さに短縮される。

　近代の建築方法には，このような場合に選ぶための利点は確かに十分にある。しかし，それで利点のすべてが言いつくされたわけではなく，最大の利点は，**そのような方法が幾つかの新しい芸術的な題材[＊モチーフ]を生み出す**ことにあり，芸術家は，それらの題材を仕上げることが大いに望まれるだけでなく，また，芸術の真の学習を盛んにするために，それらの題材を速やかに熱意をもって捕えなければならない。

　この方法の成果は一つだけでなく，その視点から見れば，すべてのものが例外なく何かを，創造的な

VII.　　　　　　　　　　　　　　　　　　　　　　　　　　109

賃貸共同住宅，ヴィーンツァイレ：玄関ホール細部

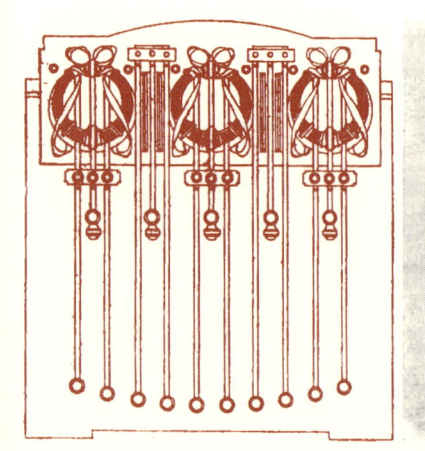

建築家に与えるであろう。

  時間の価値を認めることのできる近代人は，また時間に関わる望みを適える構造を広めるであろうことは当然，と言わなければならない。そのことは，いつでも早く良い品が得られる材料を使うことと仕事を区分すること，すなわち構造のさまざまな部分で同時に着工する——その結果，仕事を組み合わせる速やかな方法が得られる——ことによって，自然とできてくる。

 そのように組み合わせて作ったものがなお堅固であるなら，工費が高くても，これまでのものを押し除けるであろう。もちろん，そのような前進から，つねに新しい造形が生まれてくるに違いない。

賃貸共同住宅，ヴィーンツァイレ：玄関ホール細部

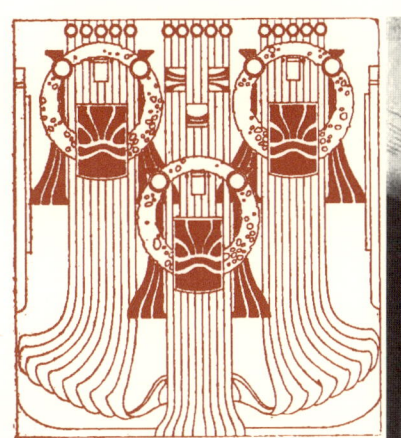

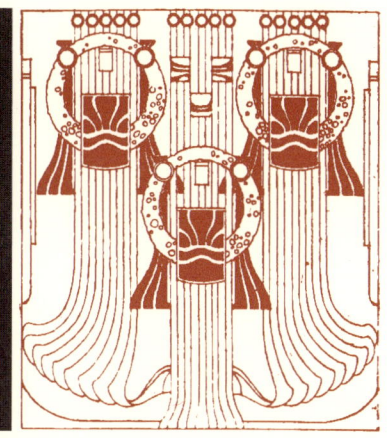

どの材料が得やすいかは，もちろん，さまざまな地域によって異なり，それゆえ，それらの使い方や取り扱いの改善もさまざまである。その結果，特定の地域では特定の材料による建物が多いということになるが，この事情を建築芸術家は，決して見落としてはならない。なぜなら，目ざす美の理想も「地方的な性格」を求めるからである（石の組積造，煉瓦造，漆喰造，木造，その他）。

ここで，建築作品の工期と密接に関連する一つの状況について，特に述べておかなければならない。というのは，大部分の建築依頼主が，残念ながら，あまりにもしばしば，建築家自身からそれについて誤った知識を得ているからである。それは，計画の図的，芸術的，技術的

ヌスドルフ閘門，細部

な完成に必要な，芸術家に与えられる時間についてである。

　芸術の仕事の成立は，一部は経験的な創作活動に基づき，そして実にしばしば気分と霊感によるものであり，まさに経験的に成り立つものであるゆえに，それを成り立たせた芸術家が変更を望ましいと言う（一般に遅すぎる）ことがなくてもよいほど，欠点のないものでは決してないであろう。

　作品の図面を作る時間が十分以上にあることは，それゆえ，作品そのもののためにつねに有利となるであろう。

　つねに「投資」という意図のお蔭だけで存在するわれわれの賃貸集合住宅では，建築家が仕事を完了するべき時間は非常に僅かしか考えられていない。そう，しばしば全部で数日に減らされる。というのは，建築主は，一般に，芸術家に設計を依頼すると

112   VII.

ヌスドルフ閘門，細部

　直ちに工事を始めさせるからである。
　記念的建築では，芸術家は，普通は，少なくとも大きな変更が，ありえないと思われるまで，計画を研究し，完成するために十分な時間が与えられる。それどころか，しばしば工事が始まる前に建築作品の模型によって，すべてを十分に明らかにすることができる，という評価してもしきれない利点を得ている。
　そこで，芸術作品を評価するにあたって，これらの事情を考慮することは全く正しいと思われる。

　近代の建築方法に特に影響を与える材料の中で，もちろん鉄は主役を演じている。その構造の形は，われわれに伝えられた形の世界に最も合わないものである。われわれは，受けついだ豊かな芸術遺産に，鉄の美しい形造りを

VII.　　　　　　　　　　　　　　　　　　113

展覧会，銀製品：細部

　容易にさせてくれるものを，ほとんど何も，見出さないでいる。

　また，一方では，鉄は非情な効用の原理によって長い間支配されていたとすれば，他方では，芸術が鉄の形造りをしていたところでは事実全く新しい形が現れ，それが新しい様式の生成にきわめて大きな弾みを与えたが，そのことは，十分に喜びをもって歓迎されていない。

　鉄の特性はしかし，事実大変なもので，ほとんどあらゆる要求を満たすことができるほどであって，この材料を使うことについては，実際，ただ金銭上の限界が問題になるだけである。

　この万能性のゆえに鉄はまた思い上がり，数年前はまだ醜く，まさに厚かましく幅を利かせていた。幾つかの新しい材料が現れたこと，鉄の試用がまだ十分でなく時に不信を与えること，そして金銭上の

114

VII.

展覧会，銀製品：細部

　観点が，ここでも，また，鉄の思い上がりを醒ますように働き，鉄の使用を近代人の芸術観に対応する限度にとどめてきた。

　と言っても，鉄を使うことによって，構造的に，したがってまた美的に，影響を受けるものが十分にあり，そこで，鉄の存在とそれから生ずるわれわれの今日の建築方法への影響は決定的である，と言わなければならない。

　多くの建て方が可能となり，容易となったこと，部屋の大きさがどのようにも取れること，はっきり外に表れた柱を得たこと，好みの室内光をとるどのような天井の型も自由に選べること，壁の厚さの激減，火に対する安全性，工事期間の著しい短縮，その他，多くのことは，まさにこの材料，鉄を使うことのお蔭である。

VII.

ヌスドルフ閘門，管理棟

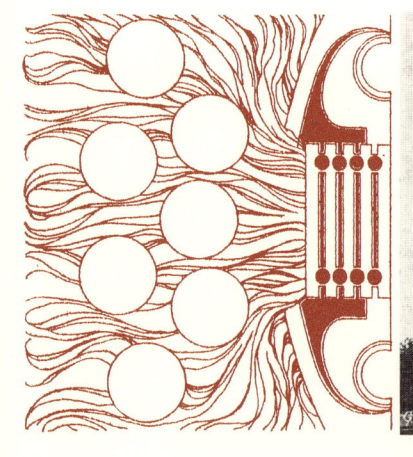

構造の途方もない価値とその近代芸術への強い影響は，ここに述べたことによって十分に強調された，と思う。なお後は，建築芸術家になろうとする人びとが，それについての勉強を深く心掛けなければならない，ということだけである。

正しく考えられた構造は，あらゆる建築芸術作品の生きるための前提条件であるだけでなく，また，それらは——このことは何度言っても言い足りないが——**創造的な近代の建築芸術家が新しい形を創造するとき**——全く言葉の意味するとおり——**無数のよい刺戟を手渡し，手を働かさせるであろう。**

たいていの構造は，建築家が場合場合に応じて，自ら考え出さなければならない。それには，構造と材料の分野におけるどの革新をもたえず求め，受け入れることが必要であるだけでなく，建築家には，

市営鉄道，ヴェーリンク通り駅

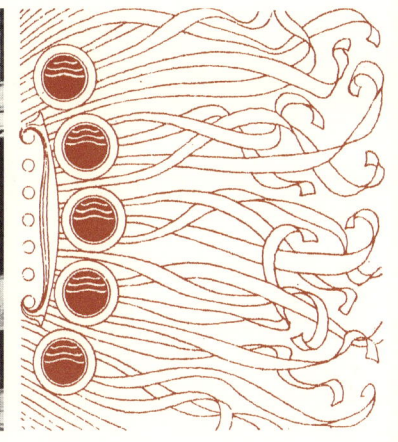

——全く当然だが——きわめて際立った，天性の，見つけることの巧みさが求められる。

　ここで言う必要もないが，構造を使うには豊かな経験が伴なわなければならない，それゆえ，**構造の知識と経験がなくては建築芸術家という概念は考えられない**，ということは，公準として妥当する。

ヒュッテルドルフのアトリエ：南側壁面

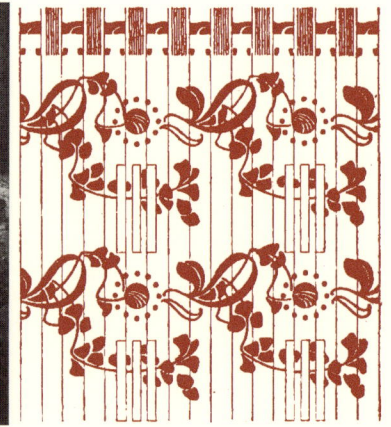

芸術実務

さきに「芸術実務」という言葉を使う機会が繰り返しあり，そのたびに，それについては後に詳しく述べると言った。芸術の実務とは，形を造ることで学習され獲得される熟練，と理解されるべきものである。それは，芸術的職業に長年たずさわる人には誰にも具わるものである。それゆえ本書では，それに関わる重要な経験的な法則を順序立てて述べることが目的に適っている，と思う。

本来の主題に入る前に「建築芸術の仕事はどのように図的に表現するべきであるか」という質問について考えてみよう。

118　　　　　　　　　　　　　　　　　　　　　VIII.

ヒュッテルドルフのアトリエ：家具

建築的創造は、それが紙上にある限り、ほとんど関心を示されないことは否定できない。絵画、彫刻、室内(インテリア)、建築物、その他、あらゆる芸術作品は、目を通して見る人の感覚に直接働きかけ、それによって見る人の理解と判断はきわめて容易となる。平面図や計画図を理解するには深く考える必要があるが、見る人びとは、たいていそのようなことを好まず、しかも、しばしば能力がないので、判断することが難しいか、あるいは全くそれができない。また多くの建築芸術家も、無味乾燥な、近代人の好みの要求に合わないやり方で計画案を発表することを好んでいる。

　ここでもまた新しい手法や発明によって表現方法の改革がたえず起こり、そして描く人たちの好みがさまざまであるから、「どのように表現するか」ということは厳密に決めることはできず、それゆえ、

VIII.

119

住宅，レンベェグ通り

　ここでは，それについては，示唆することしかできない。

　建築製図の第一歩を始めるにあたって，まず強調しなければならないことは，いわゆる洒落たやり方は全く斥けるべきものであり，建築芸術家の課題はつねに自分の考えをできるだけ明瞭，正確，純粋に目的意識と確信をもって紙上に表現するということである。建築の図面は，すべて芸術家の好みを明示するものであり，そして，決して忘れてはならないことは，これから**来るもの**を表現するべきであってすでに在るものを表現するのではないということである。とはいえ，できるかぎり人を欺こうとする未来像を示すことは，偽りを含むゆえにすでに誤りであると言わなければならない。興味を唆る偶然や気分を，真に迫るように，巧みな水彩画によって，現存しないものに描き写すことはすべて，意図して

賃貸共同住宅,ヴィーンツァイレ

人を欺くことであり，すでにそのためだけでも斥けるべきである。

　よりわかりやすく，より正しく，したがってより自然なことは，関心を呼び起こし考えに満ちた作品を，いわば個性的で印象派的な表現によって見る人の目の前に提示することである。芸術家はそのとき想像力，好み，意志，能力を示すとともに，真実を離れることなく，見る人を感じさせ，見つめさせる機会を得る。

　今日，近代の芸術活動や出版物に，どれほど高く評価してもしきれない若く新鮮な動きが現れ，そのことは，ほとんどすべての新しい芸術作品を載せているイギリス，ドイツ，フランスの数多くの秀れた芸術雑誌が示している。このような出版物は芸術家に十分な刺戟を与えてくれる。

　とはいえ，この「薬」の過剰には用心しなければ

VIII.

市営鉄道，ハイリゲンシュタット駅：玄関

　ならない。
　ここでもまた，洗練された好みが，導き役として芸術家を援け，そして刺戟が多いにもかかわらず，主題にふさわしい，見る人の興味を引くものだけを芸術家の表現に取り入れさせるであろう。
　もちろん芸術家は，わずかな時間に最大の効果を望むことができ，容易に美しい印刷が得られる表現方法を使わなければならない。縁取り，標題，飾りなどを使い，個性的な把握を際立たせることなどによって，きわめて素朴な正投象図でも見応えのある芸術作品に転ずることができる。
　展覧会用にと決められた建築図面は，周囲を乱すすべてのものが，閉めだされることを，必要とする。平面，立面，断面を描いた白い大紙面を絵画や彫刻の間に並べることは，確かに全体像を乱すであろうから，できない。これはまた，展覧会で建築作品が

VIII.

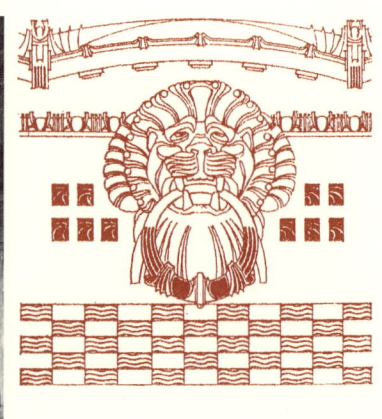

市営鉄道，ヘルナルス駅：玄関ホール

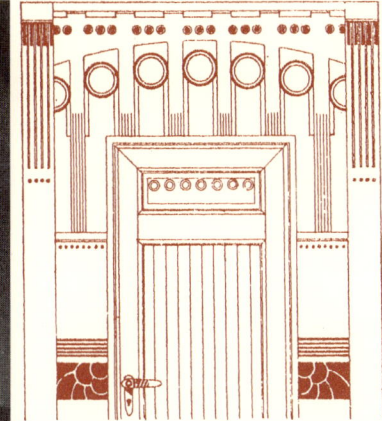

なぜ実にしばしば継子以下に扱われるかの理由でもある。

確かに，「どのように」表現するかということは，このように重要であるが，何を表現するかということの前では，勿論，背景に退かなければならない。以上少し寄り道をしたが，ここで「何を」表現するかということに再び戻ることにしよう。

　本書の他の部分と同様に，「芸術実務」の章でも，近代建築に特に関わりある二，三の重大な要因しか取り上げて扱うことができない。

建築芸術において，近代的なものの中でも近代的なものは，おそらく今日われわれの大都市であろう。以前に達したことの

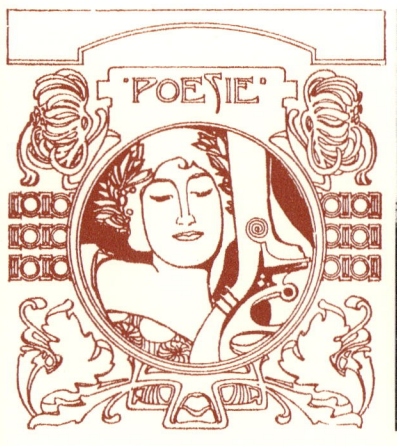

市営鉄道，グンペンドルフ通り駅：プラットホーム

ないその規模は，無数の新しい問題を引き起こして，建築芸術による解決が待たれている。

最近，あらゆる大都市の繁栄の結果として，特に都市の整備の問題が前面に出てきたが，それらは，多くの場合，この事柄の合理的な解決を求める強い必要が生じたからである。

近代派の見解によれば，芸術と目的の調和はつねによい解決のための第一条件である。芸術的要因のため目的の充足を後にしなければならない場合は，今なおしばしばあるかも知れないが，都市の建設では逆の関係が生ずることを，当然受け入れなければならない。しかも，一般の見解では，たとえば多くの人びとにとってはつねに主要な事柄である交通のためにはどのような費用も多すぎることはないが，芸術のための費用は「なし」でもまさに十分となることは確かである。

市営鉄道，グンペンドルフ通り駅：通りぬけ通路

確かに，都市の整備では，実際的な要因が前面に出なければならず，そして芸術は，厳密に言えば，本来は，あらゆる蛮行が避けられるように監視するだけでなければならない。芸術は芸術的創造が自己目的となるところで，はじめて決然と権利を求めて登場する。

その結果として，交通工学的，経済的，衛生的な要求が厳密に規定され，確立され，そして整備計画を遂行する建築芸術家は，それらの条件を芸術的に利用する，ということになるのであろう。

ど の都市整備も，おのずから二つの部分，すなわち成長する周辺部と密集した都市内部に分かれ，周辺部では技術と芸術はかなり自由なことができるが，都市内部では再構築の希望は，家屋群や芸術記念物，既存の施設，公園

VIII.

壁飾り：縫付刺繡

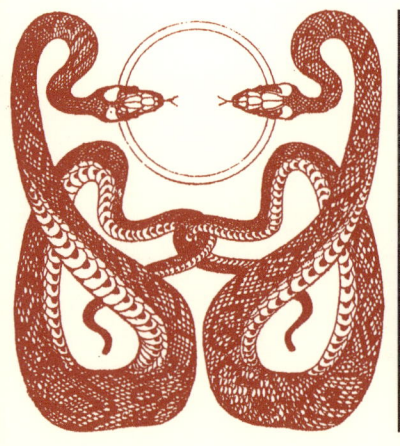

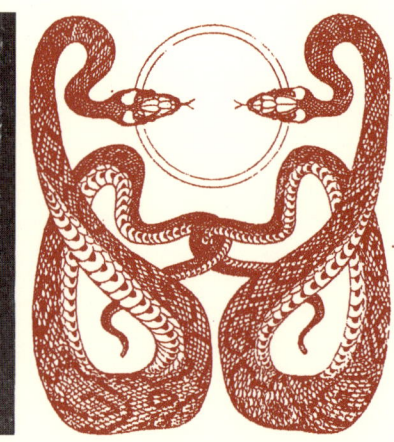

に順応しなければならない。二つの部分はもちろん互いに依存し合い，そして多くの課題は，都市全域を考えに入れることによってしか，解決されないであろう。残念ながら，差し迫って見える都市内部につねに重点が置かれ，周辺部はまさに二次的に扱われている。これが全く間違いであるのは，近いうちにそこから新しい難題が生じ，同様に緊急に解決を要する問題が確実につぎつぎと浮かび上がってくるに違いないからであり，適切な時期を考えて，その圧力を避けなければならない。

　将来必要とするもの（道路や鉄道，公園，食料の供給，塵芥や雪の搬出，材料運搬，柩の搬送施設，駅施設，地区の建築群など）は，より大きな方針が整備計画を貫いていれば，より容易に美しく安く，得られることは確かである。周辺部を放っておいたことによって，特にヴィーンでは非常に悪い状態が

126

VIII.

文房具：銀，ラピス−ラズリ

増大したが，ドイツのほとんどすべての都市では，それを避けることにうまく成功し，整備によって，住みよく，健康で，清潔で，美しい郊外をいくつか形造ることができた。ヴィーンはその反対で，都市の周辺部は，諺になったハンガリアの村とは少しも変わらない。

　さらに認められることは，都市がたえず平面的に拡大しようとするのは確かに交通状況と直接関連があり，交通状況の悪さが高い地価や階の積み重ねと密集した建て方を招かなければならなくなること，都市周辺部の劣悪な改修が本質的にこの悪い状態を一そう悪くする働きをしていることであろう。

　都市施設において最大の配慮と注意を必要としたのは，街路と広場である。まずそれらについて述べよう。

VIII.

市営鉄道，ヒーツィンク駅

　証明するまでもなく，広場の大きさと周囲の壁は互いに正しい関係になければならない。広場の規模は任意であるように見えるが，広場を囲む壁の達することのできる高さがかなり明確に与えられることにより，その規模にもおのずから限度がある。この高さは，壁が建物でできていようが樹木群でできていようが，いくつかの建物の突出部分は別として，ほとんど25m以上にならないであろう。そこで，広場の壁が上に述べた高さで目に十分力強い印象を呼び起こさなければならないとすれば，広場が全く平坦な場合，ほぼ120,000m^{2}を美しい大きさの限度として示すことができる。パリのコンコルド広場は（セーヌ川も合わせて）100,000m^{2}である。

　このように大きな規模の広場の地平面は，芸術的な視点から，確かな視線の停止点ときわめて力強い分割が必要である。

128

VIII.

市営鉄道，ブライテンフェルト付近のアーチ

　これらの視線の停止点は，彫像や建築の記念物(モニュメント)や噴泉など置くことによって創り出され，その一方，床平面の分割基準線は，貫通する通りや街灯の列，手摺り，並木通り，階段，歩道などによって，目に与えられる。

　広場を囲う壁の高さが25から30mのとき，通りの幅は美しさの限度としてほぼ80mを基準とすることができるが，それにはまた，目に快適に把握しやすく見えるようにするために，大いに強調された分割が必要である。

　通りの長さは，経験によれば，幅の5倍以下にはなってはならず，また特徴的な区切りがなければ，幅の15倍を越えてはならない。

　広場の最小の規模は，言うまでもなく囲いの高さと広場の形によるが，通りの幅については，囲いの高さが通りの幅を越えてはならない，という全世界

VIII.

市営鉄道，ヘルナルス駅：玄関ホール

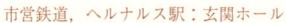

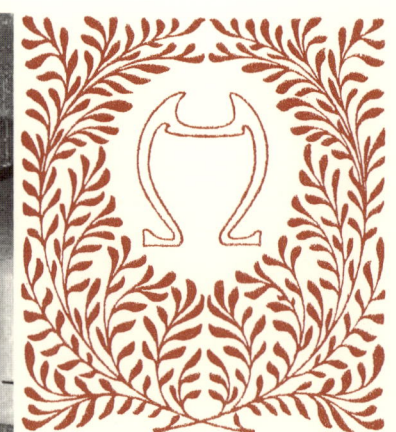

に受け入れられた法則が妥当する。

　小さな広場は壁がほぼ完全に閉じて見えるように，また，大きな広場は壁が全く力強く分割されるように，することが必要である。

　こで，一般の人びとの大部分が信奉するある極端な見解に立ち向かうべきときがきた。それは，すべての屋外の広場を，ごく小さな広場でも，庭園によって「装飾」しようという見解である。

　この見解の擁護者たちは，いつも，目の御馳走，空気センター，窒素吸収場などといった無数の標語を大げさに口にする。そのときそれらの標語は民衆の友といった語句に包まれて人びとの中に投げ入れられ，できるかぎり衛生的なことが主張されるが，そのような施設が美しいものであるかどうかは考え

賃貸共同住宅，スタジオン小路玄関ホール

られていない。

　そのような衛生的な要請が効果が非常に疑わしいように見えることは全く別としても，それらの惨めに生を保っている庭園戯画は，すべての人びとの道を塞ぎ，そして，きわめて美しい建築主題の一つ，すなわち基準線をもつ平面の効果を失わせている。

　パリのコンコルド広場やローマのサン・ピエトロ広場の魅惑的な効果は，それを見たすべての人びとの思い出の中に長く残ることであろう。

　それらの広場に庭園があったなら（有難いことに，まだ誰もそのようなものを欲しいと思わないでいるが），それらすべての効果は打ち壊されていたであろう。ヴィーンでは，しかし，大きな広場の一つ（市庁舎広場，80,000m²）は，愚かな庭園によって，あらゆる芸術的効果が奪われ，あらゆる実際的必要を無視した巨大な導入路によって醜くされている。

ヌスドルフ閘門，管理棟

　都市における庭園は，美的な必要と実際的な必要（近代的な見解によるなら，つねに一致する二つの概念）を十分に考えに入れなければならず，そして急ぐ歩行者に真直ぐな木陰の道を用意するだけではなく，平面の力強い効果を保つようにもしなければならないのである。

　意図したわけではないが，上に述べたことに関連して，公園の問題が前面に現れてきたので，それに，何行かを当てることにしよう。

　公園は，本来の，原初の意味では，風景の美しさを内に持った広大な土地で，それを所有する豊かな領主が自分の居住地内に造り変えたものであった。土地の起伏，林地，木立，湖や池，川や流れ，岩山や見晴らしのよい所などに合わせ，馬車道や歩道を

ヌスドルフ閘門：橋細部

　設けて，行きやすいようにと結びつけ，そして目を引く点景へと導いた。その最も美しい，最も適した地点に，城館や園亭が建てられた。
　この自然と芸術との対照によって生じた効果は，たえず面積が縮小され，土地にも状況にも合わないものが持ち込まれることによってまがいものと化したのである（戯画的なイギリス庭園，ヴィーンでは*市立公園などを見られよ）。多くの例が示すように縮小されればされるほど，ますます完全に笑い種とならなければならなかったことは言うまでもない。このことが一そう悔やまれるのは，*ルネサンスの，そして主として*バロックの巨匠たちが，建築作品に接する庭園のまさに乗り越えることのできない模範を，学ぶべき例としてわれわれに残しているからである。それらは，建築作品と庭園がそれぞれの効果を互いに支持し合い，補完し合うようにするため

VIII.

133

食事室：天井詳細

にわれわれが進むべき正しい道をはっきりと示している。

　　れゆえ，建築芸術は，実は最低の水準にある庭園芸術をできるかぎり早く高めるために，精力的にそれと取り組むことをいくら勧めても勧めたりない。

　そこで建築芸術家は，そのような庭園の主要配置を美しく形造らなければならないだけでなく，そのような計画を作るにあたって，木立，生垣，蔓棚，灌木などの正しい配置が容易にできるほど，植生に通じていなければならず，場所と植物の寿命の関係について学び，提案する植物の色や姿を正確に知らなければならない。また，土地の作用やその人為的な造成，道路や見通し，視点の設定や配列について明るくなければならず，治水工学，彫像や温室植物

寝室：壁面装飾

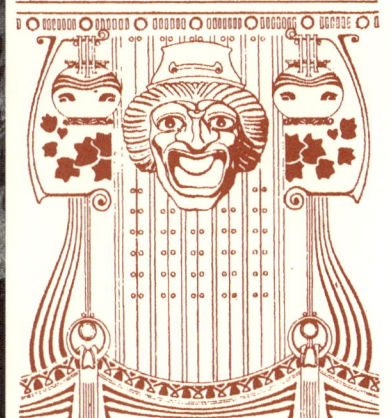

や装飾植物の使用と配置，温室建築や花壇づくり，それらを維持する大型の器具について十分に知っていなければならない。

　建築芸術家は，市街の並木通りには，場合場合に応じてどの樹種が適しているか，生垣や蔓棚などによってどのような代償が得られるか，を正確に知らなければならない。また，流れ出る，街灯のガス，泌み込む街路の汚水，車の交通による震動と必要な下土の不足（運河や水路などがあるため），が引き起こす街路樹の枯死に，どのようにうまく対処するべきかを指示できなければならない。

　こｃで，もう一度，地平面のもつ特別な，記念的(モニュメント)効果について注意を喚起したい。
　すなわち，広場の平面は，多くの色の石によるさまざまな舗装方法を使い，独立樹で飾った

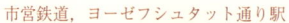

市営鉄道，ヨーゼフシュタット通り駅

　芝生面を配置することによって絨毯のように形造られるが，そのときそれらは，基準線を引き，鑑賞品を適切に配置することによって，壮大な効果を生みだすことになる。
　これらのことは，広場と街路の芸術的，記念的な(モニュメント)外観と密接な関係があるので，深く考慮するようにいくら勧めても勧めたりない。

　　以上寄り道をしたが，広場と街路の景観に戻って，建築芸術家は，芸術的な要求を満たすために，それらをなお別の方法で大いに考慮するべきであることを，強調したい。
　残念ながら，これら多くの問題において建築家は何の影響力をも持たないが，それは一般に，美的な理由より他の理由が重んじられるからである。
　芸術的な変化に富んだ景観を得ようとする要求の

市営鉄道，フェルディナンド橋仮設駅

　　うち，なお述べなければならない最も重要な要求は公共建築のため適切な広場を決定すること，そして美的なしかし絶対に必要な，そして残念ながら一般に欠けている，見通しの軸とその終点を創り出すことである。
　このような芸術的な要求への配慮のなさ，いたる所に強烈に現れ出る効用の原則，記念的建築*ﾓﾆｭﾒﾝﾄの造営に対する反感，芸術的な努力のための資金の決して解消されない欠乏が，ここでも，建築家に解くべき多くの難問を課している。それらと，それらに似た状況が，裸を嘘で覆い隠そうとする一種の見せかけ建築を出現させることとなった。すでに述べた賃貸集合住宅の大げさな正面や最近の好みに合せた正面（ヴィーンのフランツ・ヨーゼフ河岸*のアーケード住居），つまり技術上ではなく芸術上の建築規制はこの部類に属している。目を欺き，嘘で一ぱいの，

VIII.

137

賃貸共同住宅，ヴィーンツァイレ：細部

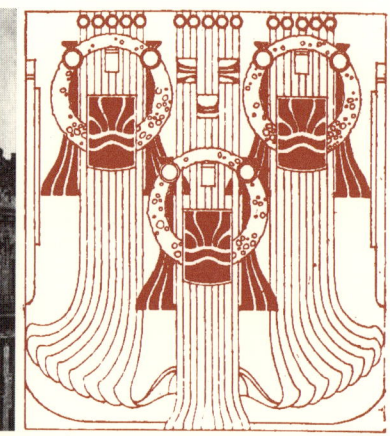

*ポチョムキン村を思わせるものやそのような系列にあるものは，どれほど非難しても非難しきれない。そのような不合理なものは，われわれの時代以外に現れることのできなかった，正にわれわれの時代の悲しむべき芸術的状況を描き出している。それらにたいする幾分かの弁解は，以下のことにしか得られない。すなわち，横道に逸れた趣味が望みの芸術的表現を求めて努力をしているが，それに当てられる資金が近代の一般的な状況によって拒まれている，なぜなら，たえず増加する賃貸集合住宅の量が公共建築の必要とされる数とは全く比較にならないほど大きくなっているから，ということである。

人びとの生活の仕方が日ごとに互いに似てくることによって1戸建住居は全く顧られなくなり，建築法規がさらに他に規制

138

VIII.

賃貸共同住宅，ヴィーンツァイレ：細部

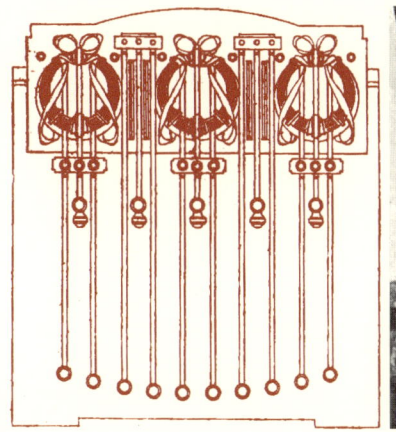

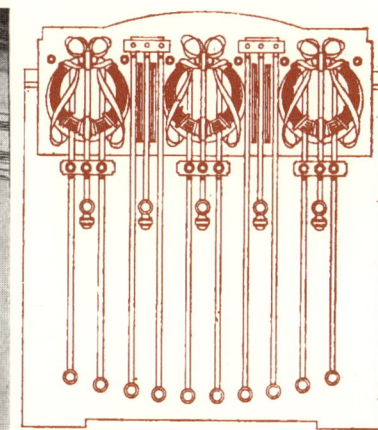

したこともあり，われわれの今日の賃貸集合住宅の画一性を生じさせることとなったのである。

　他のどの都市においても，近代の賃貸集合住宅は，われわれの所ほど大きな役割を演じていない。

　ロンドンでは，賃貸集合住宅のための土地の所有関係が，ほとんどすべての芸術の協力をも放棄していると言うべき建築の型を出現させているとすればパリでも，相変らずマンサード屋根の下に使用人を住まわせることから始める解決を円熟させている。

　ベルリンでは建設されている面積がヴィーンより広く，そのため，地価は，長らく狭い所に押し込められていたヴィーンが悩むほどの高さには，達していない。したがってそこでは賃貸集合住宅建築は，ヴィーンで普通であるように階を積み上げて建てる必要はない。

　われわれの所では，路面から上に7，8階を持つ

市営鉄道，ツァイレ高架橋

　賃貸物件（正しく言えば貸し家）は稀でない。似たような多層階の建物で，主階に外観を強調した広い所有者の住居をもつ型は，消えてゆく状態にある。デパートや1戸建住居はこの部類に入らない。

　われわれの現在の賃貸集合住宅は，経済的状況に制約され，一つの建物の中に小さな貸しやすい住居を積み上げることによって，投下した資本から最大の利益を得ようとすること以外の目的を求めない。

　その上，エレベーターを設けることによって各階の賃貸価格はかなり均等化され，その当然の結果として，階を区別することによる外観の芸術的な造形はもはやできなくなった。それゆえ，それらの主題を宮殿建築に求めるといった建築の作り方は，そのような小部屋の集合体にたいしては全く誤りであると言うべきである。なぜなら，それは建物のまさに内的構造と矛盾するからである。

シュトゥーベン地区再開発

　それゆえ，近代的な賃貸集合住宅の正面を作るにあたって，建築芸術は，多くの等価値な窓をあけた一つの滑らかで平らな面を必要とし，その平らな面には，保護のための軒蛇腹とせいぜい冠状の装飾帯や玄関の装飾枠などを附け加えるだけである。

　本書で確立された原則は，上に述べた経済の流れに逆らったり，それを嘘で覆ったりすることは芸術に相応しくなく，むしろそのような要求を考慮することの中に芸術の課題があることを示している。

　また，小さな親しみのある尺度を失った近代の目は，変化の乏しい形や長い真直ぐな線，広がる平面や巨大な立体に慣れているので，そのような建物には，尺度を力強く与え，輪郭を単純にすることが，確かに適切であると思われる。したがって芸術は，異論がなく，関わり方が自然なところで，はじめて語るのであろう。

VIII.

市営鉄道，ロッサウァレンデ駅

建築家は，それゆえ，今後も街景の主要な部分となり続けるであろう賃貸集合住宅について，互いに対比し合うように壁面を装飾し，単純で正しい細部を選び，構造を明白に強調することによって，効果を得るように努めるのであり，残念ながらあまりにしばしば好まれているようにそれによって隣りの建物に勝とうとする必要はないのである。

　まさに上に示唆した芸術の作り方によれば，われわれの賃貸集合住宅は，美の喜びをあたえる景観と直ちに合一するであろう，そして街路を創っているあらゆるものに確かに適合するであろう。

　近代の大都市は，古代のローマの外観にも，昔の*ニュルンベルクの外観にもすることはできず，またするべきではない，ということをいつも考えていなければならない。

市営鉄道，ゲルストホーフ駅

街路の目を引く効果と，直線や曲線を使うことについては，どのような関係であるのか。

近代建築における直線の意味についてはたびたび述べてきた。直線が非常に多く使えることは，無数の理由が，明白に力強く示している。道がどのように人を導くかについて考えてみれば，すでに簡単な理由から，直線を使うことは正当な条件となる。というのは，用のある人は，おそらく真直ぐ歩くであろうし，急ぎの人は確かに少しでも時間のかかる回り道には苛々するからである。最近の10年間は，まさに「時は金なり」という言葉が旗印に掲げられている。

曲った道を計画する人は，芝生が斜めに横切られ角が踏み減らされることによって，そのことを十分に思い知る機会を得る。

VIII.

食事室，食器棚

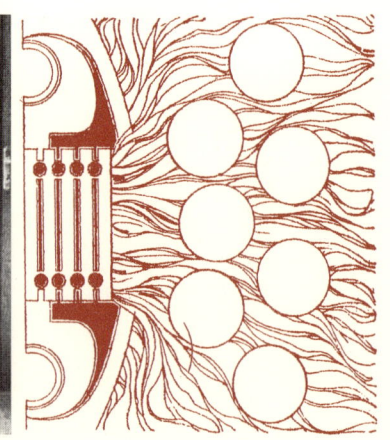

　さらにひどい目に遭うのは非実際的な道を作る人であり，そこを通らされる人から全く多くのあまり嬉しくない言葉を投げつけられるであろう。

　勿論，真直ぐな道がどこでも通せるというわけではない。街路を通すにあたって，しばしば，既存のものを保存したり，建築用地の形を整えるなどするためには，曲線や折れ線を選ばなければならない。そのような事例は，自然発生的なものに属し，自然発生的なものは，都市景観を変化に富んだ形とし，うまくいった場合には興味を引く形とすることにも役立つ。

　ここでなお特に言っておきたいことは，街区の中では道路の屋並みの線の中断を決して設けてはならない，ということである。

144　　　　　　　　　　　　　　　　　VIII.

アトリエ，書棚

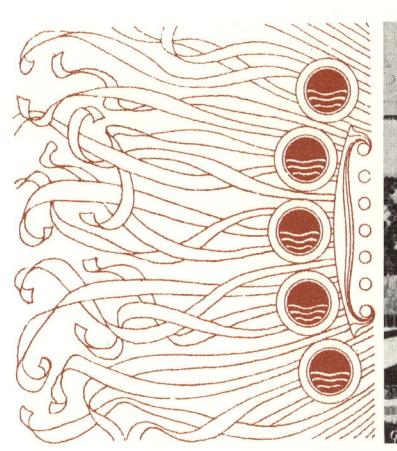

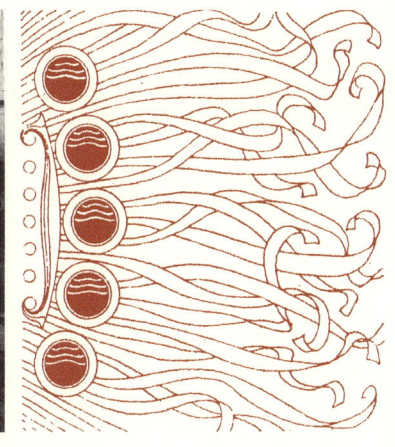

歩く人にとっては，街路の導線が，直線，すなわち最短線であることが最良であるとすれば，他方，車の交通にとっては，小さな迂回や彎曲を作ることが許されるとしても，もちろん，自然的なあるいは芸術的な条件によってそれらが生じた所だけである。

人びとをできるかぎり護るために街路の幅を十分に取り，交叉点を大いに広くするべきであることは，車の交通を考えればおのずから明らかである。

公共建築は，大きな形と，題材豊かな輪郭によって賃貸集合住宅の並ぶ面を破り，その大きな対比によって街景を興味深く形づくるものであるが，上に述べたようにそれらが不足しているので，建築家は望みの効果を他の方法によって求めるように促されるに，違いない。その

市営鉄道，ヌスドルフ通り駅

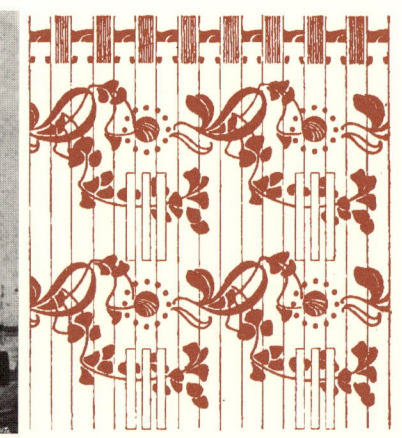

ようなことに最も適した方法は，広場を嵌めこみ，屋並を適度に前後させ，前庭を創り，街路の分割を秩序立て，それらの分割点に記念像(モニュメント)や噴泉を配し，最後に路面になくてはならない並木，緑陰，生垣，小亭などといったものを取り入れることである。

　われわれに伝えられた芸術作品を畏敬して保存し，常によく計られた視距離と一連の付随的なことを考えて，それらの周囲を変えないように守ることが，われわれに，街景を芸術的に豊かに仕上げるため価値ある手段を与えている，ということはほとんど論ずるまでもない。

　建築家の課題は，しかし，一都市の街路や広場を芸術的に扱うことだけとは限らない。最近は，多くの施設や多くの更新されたものが現れて，芸術的に仕上げられるのを待っている。ここで第一に挙げる

市営鉄道，ヘルナルス駅

べきものは鉄道であり，それらの街景への影響は，実にしばしば禍となっている。

　街路と同じ面にある鉄道は，今それが馬車鉄道や蒸気鉄道であれ，電動式鉄道であれ，歩く人の妨げとなっていることは別としても，ほとんどつねに，街景を醜悪なものにしている。

　この見解は大きな主要都市ですでに確信となっている。例えばパリのコンコルド広場や*シャンゼリゼ通り，ベルリンの*ウンター・デン・リンデン通りではそのような施設は決して許されないであろう。

　ど の大都市も受け入れなければならないであろう鉄道は，すべて地下か高架にすることができよう。どの方式を選ぶかは，ただ局所的な条件と技術的な理由とだけにかかっている。それらの結果の良し悪しは，以下の二，三の

VIII.

147

聖ヨハネ礼拝堂：細部

要点にまとめられる。

　地下鉄道は，特に地下にあるあいだは，街景にはほとんど影響がなく，入って行くのは容易であるが普通は設置に費用がかかり，乗っている人にとって快適ではない。

　高架鉄道は，ときどき非常に目障りで街路を醜くするが，地下鉄道よりいくらか工費が安く，乗っている人には，開放的で，変化に富んだ眺めによって多くの楽しみを与えてくれる。

　都市の住民は，今やできるかぎり美しい都市景観を保存することをますます第一とするべきであろうから，高架鉄道が，彼らの共感を得ることは決してないであろう。そしてそれは，当然ながら，つねに建築芸術家の見解でもある。

ヒーツィングの家族廟

ERFAHRUNG.

CONSTRUCTION

　　　　　の都市においても，規則や習慣，技術的
ど　　な理由や経済的な理由によって，1戸建
　　　　　住宅地区，工場地区，あるいは集合住宅
地区が形成され，それらは，本質的に都市の地域的
な状況に応じて，経済的に飛躍した時期に，急速に
膨張した。

　近ごろ，1戸建住宅とそれに関わる観念的な前提
を正当化し，1戸建住宅の機会を取り戻そうとする
動きが見られる。

　この動きを建築投機が乗っ取り，そこから新しい
都市と街路の型，1戸建住宅地区が生まれた。

　そこで今，もしそのような1戸建住宅地区の街路
もまた，交互に変化して対照し合い，あるいは開き
あるいは閉じる建て方によって，前庭や囲った広場
などとともに作られていたなら，美しさの点で歓迎
されたに違いないが，しかし，これまでのところ，

VIII.

市営鉄道，ホーフパビリオン：細部

不十分な結果しか示していない。それは，主として投機のために一つの型が度外れに集められたことによって，上に述べた建て方による美しさが致命的に失われているからである。

人びとの口は，それに対して，正しいが，しかし辛辣な批判をすでに下し，1戸建住宅墓地と呼んでいる。

多くの似たものが，1戸建住宅であろうと，賃貸集合住宅であろうと，並べて置かれるとき，互いにそれぞれの効果を消し合って，冗長さを生みだすに違いなく，それは，大きく対照させることによってしか除かれない。そこでそのような1戸建住宅地区には，少なくとも経済的に必要な商店街を全く違う建て方で通すことが必要である。

市営鉄道，ホーフパビリオン：細部

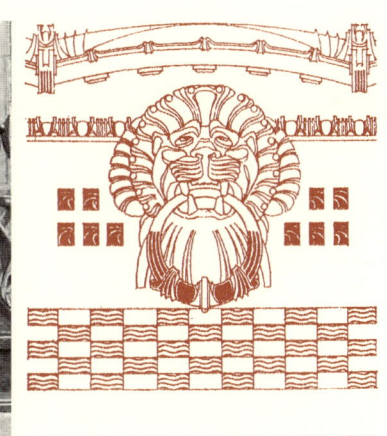

　　　　記念物が街路の景観におよぼす重大な影響について，「構成」のところで，詳細に強調して述べたが，ここではなお，芸術の継子，記念的な噴泉(モニュメント)を擁護しなければならないであろう。

　われわれの宏大な広場や街路は，周囲を支配する際立って強い強調点を必要とする。この必要は，明らかに，記念物(モニュメント)によって満たすことはできない。したがって，他の鑑賞用の作品によらなければならず，そこで，第一に，記念物(モニュメント)な噴泉が考えられる。それらは，都市の住民に爽快さや活気をあたえるとともに，環境の重大な芸術的要因として形と大きさにおいて，広場の景観にきわめて容易に融合する。それゆえ，それらは，特にわれわれの都市における重要な要素として，しばしば使うよう大いに勧めることができる。

VIII.

市営鉄道，中央税関駅

都市景観において，われわれの近代の橋の影響はほとんど消えかけている。そこでは鉄が石に取って替り，その上，使える資金が間違いなく物を言うので，橋は，ほぼ完全に実用建造物，すなわち単なる搬送の仲介施設に成り下がっている。この新しい材料，鉄が最初その荒々しい姿を現したとき，都市の住民のはげしい反対を引き起こし，そのために，今日ようやく，少しでもできる場合は「構造体を下に」して橋からの美しい眺めを妨げないようにする，という結果に達した。ここでもまた緊急に必要なことは，この種のものを建造するにあたって芸術と芸術家から重要な発言を得て，それらによって，これまで全く疎かにされていた橋の軸方向の姿を仕上げ，それによって，橋に近づく人に，橋が美しく見えるようにするために，必要な用意をすることである。

VIII.

市営鉄道，ミッヒェルボイェルン貨物駅

橋を芸術的に仕上げるとは，そこで，多くの場合橋の親柱を大いに強調し，手すりを豊かに細工することになるであろう。

衛生の領域におけるわれわれの大きな進歩とそれに関するあらゆる処置の明らかな成功，大都市の住民数の莫大な絶えざる増加，そして芸術的な効果と清潔さが引き離せないことは，自ずからわれわれの交通の道路を注意深く清潔に保ち，われわれの公共の庭と広場を非の打ちどころのない眺めのものとすることの必要を示している。この当然すぎる必要を，建築家は，すでに最初の構想に取り入れて，対応処置を考えなければならないのである。

衛生の領域に属するすべてを採り上げることを，本書の課題とすることはできないが，建築家はこの

VIII.

153

アトリエ：製図机

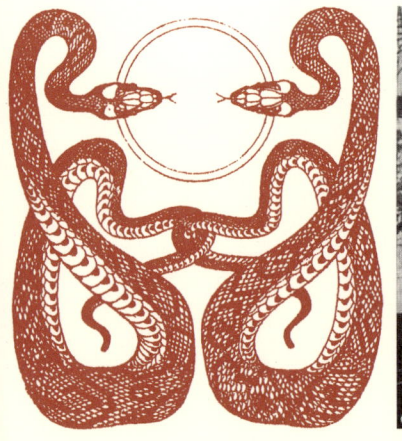

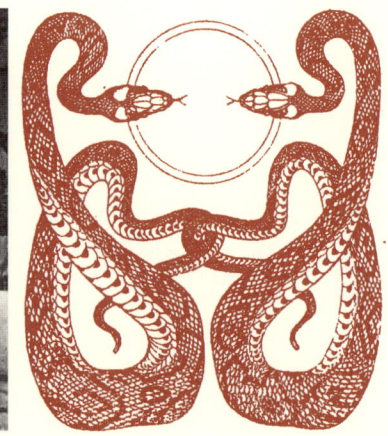

領域でも現状に完全に通じているべきであることは強調しておかなければならない。なぜなら，まさに近代の獲得したこれらのものが芸術的に真に新しい形を求めているからである。

　なお，衛生の領域に属するものに，大都市にますます現れてきた廃ガスと煤煙を除く問題がある。コークスを使うことの強制，工場その他の都市周辺への配置，消煙装置の取り付けなどといった衛生的な処置では，もちろん，わずかな救いしかもたらすことができない。なぜなら，それらは，われわれの居住空間や公共空間の莫大な数の暖房設備には全く触れていないからである。

　もちろん，都市景観の美しさを損なっているのは工場の大きな煙突だけで，小さな煙突は，ほとんど目につかない。大きな煙突にはおそらく美しい形が発見されるであろうが，今日われわれの知識の程度

アトリエ：美術学校計画案模型

　では，都市が近いうちに煤煙から解放されるという望みはほとんどない。

　煤煙は，われわれの近代の芸術作品を最も損なうものである。埃や煤と雨や雪の混じったものが屋外にあるすべての芸術作品を短い時間で覆いつくし，それどころか，すっかり変った，意図したものとは違った姿にする。

　確かに，姉妹芸術の援けを得て，人間に具わった色彩感覚を考慮に入れようとする試みが，なかったわけではない。しかし，そのような試みはすべて，上に述べた煤煙の化学的に美を損なう働きに遭って挫折し，そこになお，われわれの厳しい気候条件が加わって，建物の正面は黒ずみ，そこを飾る彫塑像は煤によって見分けがつかなくなる，などといったことが生じている。

　青銅の記念像が嫌な色となり，建物の外面の絵は

市営鉄道，ヘルナルス駅：細部

すべて長持ちせず，冬は広場や建物の大理石造りの装飾をすべて囲う必要がある，などといったことはこれらの要因の悲しい結果である。

　それらに対しては，できるだけ単純な形や滑らかな平面を使い，陶磁器やマジョリカ焼き*のタイル，モザイク張を利用し，芸術作品を計画的に清掃することなどによって予防するべきであり，近代建築はこの領域においてもすでに重要な成果を示しているのである。

政治的，社会的な状況はすでに述べたように，都市における建築方法に大きな影響を与えている，それどころか，それらはわれわれの建築の型をこのように変えた主要な原因である，と見なければならない。民主主義は芸術に数多くの課題をもたらしたが，次のことは確認して

156　　　　　　　　　　　　　　　　　　　　VIII.

市営鉄道，グンペンドルフ高架橋

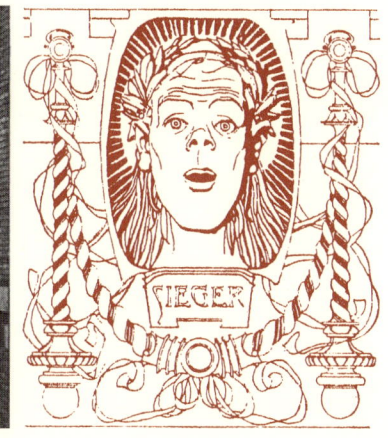

おかなければならない。すなわち，芸術は，一方において，新しい衝撃の強い力と近代的な構造の創りだす可能性によって得るところもあったが，他方において，個人の主権的意志や実行力，名誉感そして親近さを手離すことによって，確かに失うところもおおかった。われわれの巨大な建築（展覧会場，鉄道駅，国会議事堂など）は，城館や宮殿などとの対照においてそのことをよく物語っている。

　なおここで，芸術への経済の影響について考えてみたい。芸術活動は余剰と豊かさがあるところで初めて起こるように見えよう。それは確実に誤りである。

　単純さは，確かに，都市景観に関して少なくとも芸術的な実用を求めているわれわれの今日の見解に最もよく応じたものである。それゆえ，全く実利的

VIII.

157

賃貸共同住宅，ヴィーンツァイレ：階段細部

な立場や飾り過ぎた無趣味は，どのような状況でも斥けなければならない。最も単純なものは，工費を高くすることなく，おのずから，芸術的に作り上げられる。

　このような場合，芸術家には，必要を正確に確実に満たし，きわめて単純で，目的に適った形を造ることによって，自らの芸術的能力を証明するべきである，という誠実な内心の促しがこれまで以上に迫っている。

　目に見えるものはすべて芸術に高められている，というところまで疑いもなく達することができる，そして達しなければならない。忘れてならないことは，**一国の芸術は，その豊かさを測るだけでなく，何よりもその知性を測る尺度である**，ということである。

　このような原則が，芸術家によって，広く厳格に

賃貸共同住宅，ケストラー小路：階段細部

守られるなら，すべての都市は短期間で違った外観を与えられて，今日の非芸術家たちの作った建物の不愉快な菓子のような装飾のがらくたは駆逐されるであろう。

　また，市議会とその執行機関が都市景観の形造りに及ぼす大きな影響についても，ここで考えよう。すべての公的，私的な建設活動はそれらの統制のもとにあり，さらに言うなら，その統制は，芸術的なものをすべて閉め出すことによって，非常に誠実に良好に行われている。なぜなら，これに関わる行政機関は，芸術家でなく技術者だけで成り，その上，芸術的に仕上げるべきもののために，いや，ただ都市景観を清潔に見せることに役立つもののためにさえ，資金をわずかしか承認しないか，または全く承認しないからであり，

VIII.

159

撞球室：細部

そのため，信じられないほどの芸術的欠陥が生じている。

われわれの父祖の都市を，ふたたび例として挙げなければならないのは大いに悲しいことである。二，三，示すなら，われわれの所で普通に見られる屋外の市場（ナッシュマルクト，長さ1kmに及ぶマリアヒルファー通りの露店）が挙げられる。身の毛もよだつごみの山，バクテリア培養所，例のないほど粗末な街路の外観，通行の妨げとなるもの，非難を絶した非衛生的な前例，これらは，現れ出た悪い状態のごく一部をなすに過ぎない。

あまりに凸凹の激しい街路面とひどく狭められた車道，残念ながら非常に多い土地の高低差，家並みの救いようのない「無秩序」，ふざまで勝手な方を向いて立つ電信柱，全く無計画に設けられた電車の架線柱と軌条，同様に乱雑に配置されたガス灯が，

160   VIII.

撞球室：細部

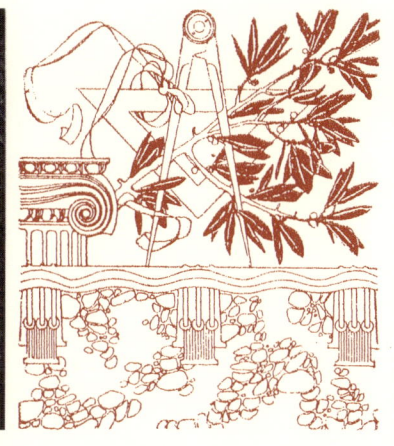

無数の小屋やその他の路上に建てられたものとともに，実際に荒廃した全体の景観を形づくっている。それゆえ正に今こそ，都市の行政が，優れた芸術家の指導のもとに，財源の調達と土地の収用法の導入によって強く介入して，目に見えるすべてのものが技術者だけでなく芸術家にも完全に受け入れられるものとするべき時である。

機会あるたびに，建築作品の将来の形造りに及ぼす近代人の努力の影響について，考えてきた。

われわれの建築作品の外観には，まだ多くの場合不確かなところがあって正しいものを求める手探りや試みがほとんどであるが，しかし，建築の内部や実用品の形造りには，近代の傾向を考えに入れた，力強い，目的意識をもった動きや，きわめて前進的

VIII.

市営鉄道, ヨーゼフシュタット通り駅：細部

な成果が見られる。

　Komfort（快適さ）という語はあらゆる国の国語に取り入れられ，そして，今日すでに，その厳しい基準に反するものは，すべて欠陥あるものとされている。

　その基準と見るべきものは，つぎの二つの条件，すなわち**最大限の安楽さと最大限の清潔さ**であり，そして近代人は，それが達成されることを，求めている。

　この基準を考えに入れない試みは，すべて価値のないものしか作り出さず，この基準に合わない芸術作品は，すべて生きる力を持たないことは明らかである。

　それらの例は無数にある。楽でない階段，美しくも実用的でもなく清掃しにくいもの，構造が正しくないもの，製作するのが難しく，したがって製作費

市営鉄道，ヌスドルフ通り駅：細部

のわりには外観が見劣りがするもの，不適切な衛生器具，角が鋭い家具，人間の体形に合わず，読書，食事，喫煙，接客などそれぞれの場合に応じて使うには不満足な椅子，実用的でない「産業芸術」品，たとえそれらの製作に「巨匠」が参加していても，その他多くのものはすべてこの部類に属している。ここでは，それらが宮殿のために創られたか，またきわめて質素な市民の住居のために創られるかは，問題でない。

　本書で繰り返し述べたが，芸術において，芸術家が創り出すものに序列をつけてはならない。それゆえ，つねに芸術だけが問題であり，諸芸術は問題ではない。芸術的に創造することは美的表現を見出すことであり，そのとき小さなものか，大きなものかは関係がない。

VIII.　　　　　　　　　　　　　　　　　　163

アトリエ：肘掛け椅子

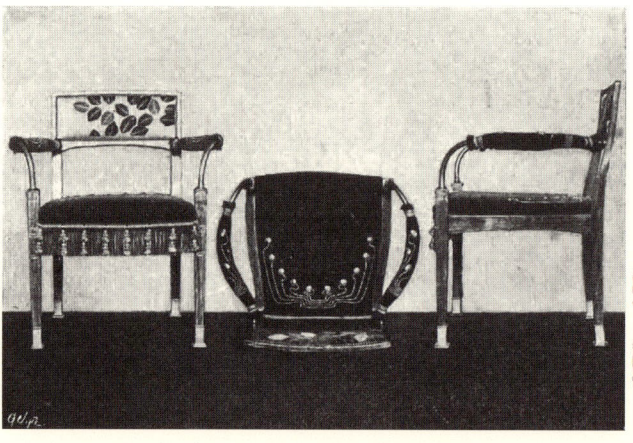

　芸術家は，素質に応じ，状況に促されて，一定の道に向かう。その道を，芸術家は，試み，学ぶことによって，そして強靭なエネルギーと霊感によって進む。年月と経験を積んで，目ざす目標に近づく。しかし，芸術家の仕事を測る価値の尺度は，つねに芸術活動における創造的な部分であり，それだけが芸術家を成功に導く。

　これらの言葉によって知られることは，近代芸術が生まれ育ったのは，芸術の**あらゆる**分野に属する何人かの芸術家たちのお蔭であり，彼らをそのような行動に導いた結合は，「**解放**」への憧れによって呼び起こされたものであった，ということである。

近代派が，最も近くにある領域，すなわち必要からの要求が集中する産業の領域をまず第一に占居しなければならなかった

164

VIII.

アトリエ：長椅子

ことに，何の疑いもなかろう。

　一般の人びとは，全く素早く，近代派が提供する形を受け入れる決心をしたが，それは，それらの形がそれまで使っていた様式の寄せ集めよりはるかによくわれわれ今日の感情に適合することに気づいたからである。

　芸術は，これまで数十年間のように考古学や伝統や学問に鼻輪で引き回されなければならなかったのと違って，そう，手綱から解き放されて，ふたたび創造活動を始めた。

　いたるところで芸術家が現れて，産業にふたたび正しい道を指し示し，それによって，折衷主義が，どれほど甚しく活気を失い，あらゆる芸術的感動を欠いていたかを示した。

　剽窃芸術は「芸術産業」や「芸術産業家」という言葉を使っていたが，それは，過去数世紀間のよう

VIII.

165

市営鉄道，ヒュッテルドルフ駅：玄関ホール

にすべての産業家はまた芸術家でもあった，という意味においてではなかったことは確かである。最近数十年間のえせ芸術産業家達は折衷主義に心地よく頼っているが，それは，写しや模倣による製作には芸術的能力はほとんど必要でないからである。

　芸術家が新しい形を創り出し，一般の人びとに，教育的な影響を与えるようになってはじめて，これまで作っていたものの空虚さが明らかになった。

　産業家には決してわからなかったことであるが，本当によいものは芸術家だけが創り出していたのであり，今日なおそうである。芸術と産業の概念は，今日の見解によれば，一つになることはできない。その理由は，ものの作り方にある。芸術家はつねに生まれる作品の美しさに満足を見出すが，産業家はつねに自分の利益を第一位におき，すでにそのことによって芸術家の対極点にいる。

VIII.

市営鉄道，ヒュッテルドルフ駅：待合室

　それゆえ，国でさえ，どのような手段を使っても，水と油のような関係にある芸術と産業の概念を一つにすることはできない。

　　般の人びとが，実用品に，芸術における新しい形を求めるのは，大部分は，多くの人びとの新しもの好きによるもので，芸術を必要とするからでないことは，否定できない事実である。このことはまた，産業家が需要の多い品物をなぜ「分離派」*ゼツェッシオン（彼らの見方によるなら）と称する標語に応じた形にしようと望むのか，ということをも明らかにしている。

　それによって，建築芸術におけるように，有害なものが無数に現れ出た。産業家は，身の毛がよだつでっち上げの替え玉を，前述の通俗な標語のもとに新しいものとして提出し，そして，それらの製品が

VIII.

167

市営鉄道，高架橋，橋脚

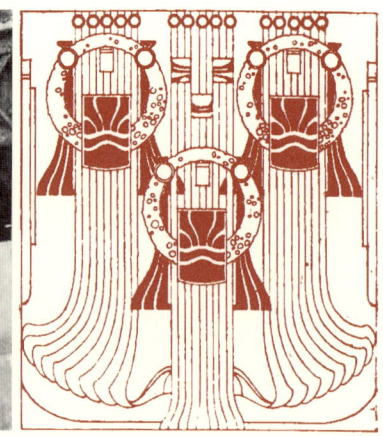

　上に述べた理由で，やはり買われていることは，残念ながら，認めなければならない。芸術が産業に急激に入り込んだことによって，なお，さまざまな出来損ないが形成されなければならなかったことは確かである。創り出されたものを調べれば，多くのものが美の概念に合致せず，かなりのものが十分に考えられてなく，構造的な考えがしばしば継子扱いされ，材料の選択にも間違いがある，ということがわかる。そこでは，芸術的創造を急ぎすぎたため，経験によってしか得られない，したがって，直ぐには来ない製作技術の進歩がしばしばおろそかにされてきた。

　最近の状況に促されて，芸術家たちから，国立のアトリエ——実験工房と言ったほうがよく，それに芸術家たちのアトリエを併合するもの——を求める声が上がっている。しかし，そのような施設には，

168　　　　　　　　　　　　　　　　　　　　　　VIII.

市営鉄道，ツァイレ高架橋

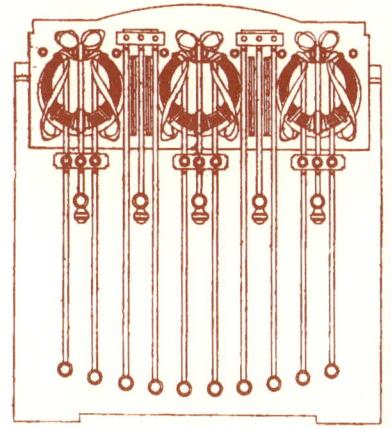

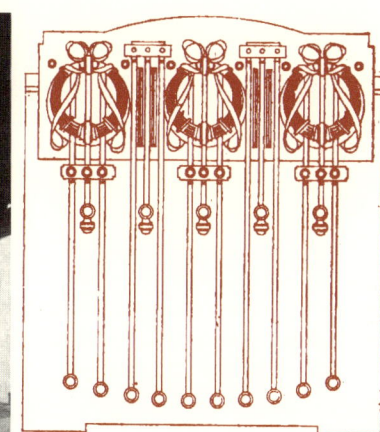

費用のかかる底荷の追加を阻止するという理由だけからでも，反対するべきである。大きな企業はどれもこの種の工房を備えているので，それらを実験に誘うのは容易であり，計画の目的がそれらの利益と密接に結びつくときはなおさらである。

　　　われわれの室内(インテリア)に関しては，芸術家たちは
わ　すでに，今日多くの人びとに働きかける
　　　ことに成功し，少なくとも，**室内(インテリア)の姿は住む人の姿や機能に調和するべきである**という考えが確立されるまでになっている。サロンやローン・テニスやサイクリングの服装をした人たちや，制服やチェック柄のズボンを着けた人たちが，何百年も前の様式で仕上げたと見える室内(インテリア)に現れたとすればそれらはまさに芸術の化け物である。

　われわれの衣服のように，われわれの住む室内(インテリア)は

アトリエ：中央卓

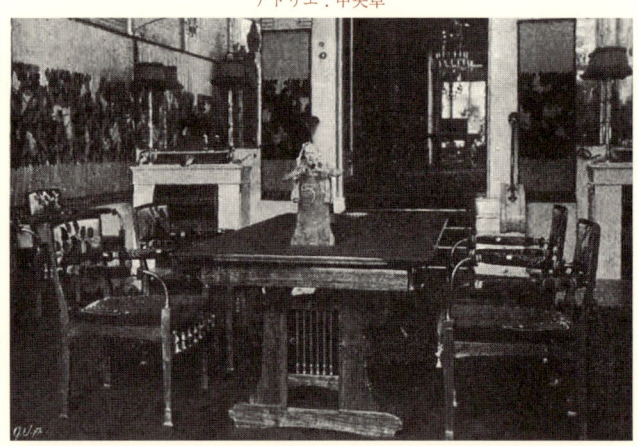

単純であることが望ましい。このことは，しかし，
室内(インテリア)を豊かに品よく整備することができないということでもなければ，また芸術作品で飾りたてなければならないということでもない。豊かさや品のよさはしかし，われわれの求める快適さや今日の形態感や色彩感とは調和しない形によって表現されるべきではない。

　室内(インテリア)には，ほとんどあらゆる種類の産業製品や，あらゆる製作技術を取り入れることができる。今やこれらすべての製品は芸術による助力を必要としており，芸術家がそれらに大いに注目することは十分に理由がある。

物を形づくり，それらを芸術作品に高めるには，つねにそうであるように，十分な考慮と鋭い観察とがなければならない。

アトリエ：暖炉鏡

本書では，人間が必要とするものや欲求するものを知るべきであることを，繰り返し示したが，ここで，この事情を，一そうよく理解するために，なお二，三の例を挙げよう。

織物製品では，絨毯が主要な役割を演ずるので，それに何行かを当てたい。

壁掛け絨毯は，芸術的な点（形，色，線の扱い，図柄の表現，など）では全くつながりがないので，本来は問題にならない。しかし，使うにあたって，実際的な点で，その良くない性質をつねに忘れないように用心しなければならない。それは汚れを除くことも保存することも難しく，強烈な臭い（葉巻や果物などの）を容易に吸収して，部屋の喚気がよくてもなお長い間その臭いを発散する。壁掛け絨毯を使う部屋は，それゆえ，それに応じて選ばなければならない。

VIII.

171

賃貸共同住宅，シュピーゲル小路：玄関扉

　床に敷く物として絨毯は，まず第一に，歩く人に快さと安心感を抱かせるものでなければならない。足音が聞こえず，部屋に暖かさと住みよさを与え，滑りを止めることが，それを使う主な理由である。芸術的には，敷く絨毯は，部屋の色彩の完全な調和を得ることができるようにしてくれる。

　全く避けるべき絨毯は，騒々しく，荒々しい線を引いたものや，形が立体的に見えるために使うとき不安感や不快感を与えるもの，そして装飾や図柄の多いものなどである。輪郭はせいぜい「道案内」の役をするか，あるいは絨毯の縁を強く際立たせて，それを使う人の注意をそこに向けさせる程度にしておくべきである。賑やかな全面的な装飾は，つねに部屋の家具調度と干渉し合うであろう。このことはまた，なぜ，オリエントの絨毯がわれわれの室内（インテリア）と合わないか，ということの主な理由の一つである。

VIII.

賃貸共同住宅，ヴィーンツァイレ：玄関扉

魅惑的な色の調和をよく示すオリエントの絨毯は，オリエントの人びとの目的のため，自由に敷かれ，長椅子に囲まれ，壁の装飾と調和し，あるいは目的に応ずる機能がそこにあって，確かにそれは，考えられる最もよい解決であるが，しかし，上に述べた理由となお他の理由によって，われわれの室内(インテリア)にはふさわしくないと言わなければならない。

室内の十分な光，快い温度，きれいな空気は，人間のきわめて正当な願望である。これらのことはまだ10年前には達成できないと思われていたが，われわれには幾つかの発明と改良とによって完全に実現できるものとなった。こうして，例えば電気の光*によって，火事の危険が避けられる上，理想的な室内照明（拡散光であり，煤がでないなど）ができるようになった。電気の光

VIII.

173

市営鉄道，グンペンドルフ通り駅陸橋

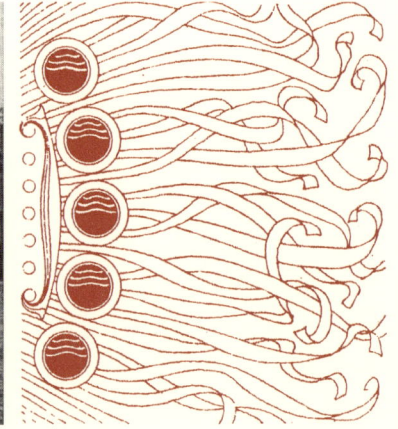

は大いに目的を果たし，効果を挙げている。

　わ　れわれの見解は，しかし，照明について変わっただけでなく，特に部屋の採光についても，すっかり変わっている。

　賃貸集合住宅では通常の窓はおそらくまだかなり長い間変わらないであろうが，個人住宅では光源を部屋とそれが果たす機能とに適合させようとする，大いに評価するべき努力がすでにいたる所に現れている。

　折衷主義が使いものにならない宮殿建築を一般の建築や記念建築(モニュメント)の問題解決に引き入れようと努めたことによって，長い間，室内の採光の健全な発展を阻んできたので，今日，われわれのあらゆる建築，特に公共建築の採光が不十分であると，当然，主張することができる。それゆえ，ここでもまた伝統と

市営鉄道，グンペンドルフ通り駅高架橋

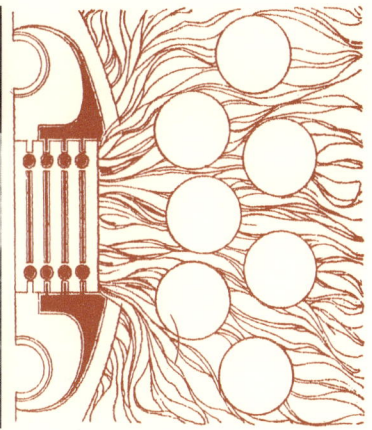

訣別しなければならない。

　　われわれの部屋(インテリア)の本来の装飾となるものは，つねに芸術作品であろう。しかし，どこでもそうであるように，ここでも，聡明な節度が大いに必要であろう。壁面全体に全く大きな芸術作品を趣きもなく唯一ぱいに掛けることは，つねに見る人にある不安や動揺を引き起こし，楽しさや興味や心の深まりをけ散らすに違いない。このことはすでに，壁の装飾は目に停止点を与えるところにだけ使うべきであることをはっきり示している。この現象を考えに入れれば，やがて複製画の大量製作は阻まれ，計画的，芸術的に考え抜かれた装飾美術品がわれわれの部屋(インテリア)に求められ，これまで残念なことになおざりにされてきた「応用」芸術を復権させることとなろう。

VIII.

175

市営鉄道，ヴェーリンク通り駅：階段

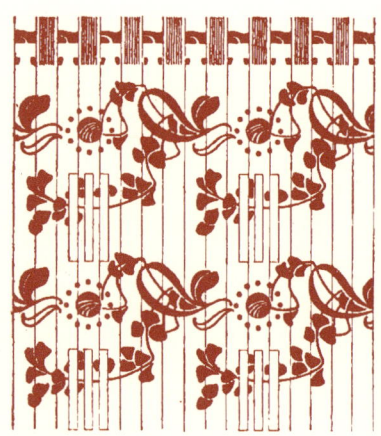

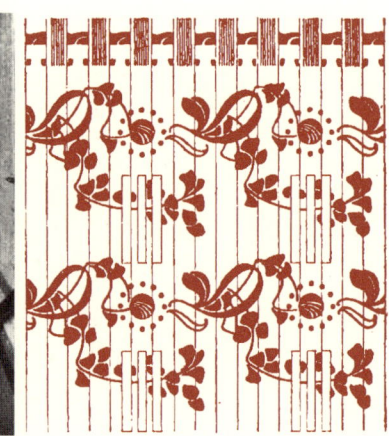

　部屋は，絵の数に影響されるように，絵の大きさや絵の置かれる高さにも影響される。人間が生まれ持った視角は最大60度（上に30度下に30度）であるから，それに関係づけて快さを考えるべきであり，それゆえ，芸術作品はこの視角の中に置かなければならない。

　このことから近代派は，全く正当にも，見る人に不自然な姿勢を求める天井画は避けるべきである，と結論する。

「産業芸術」という概念の外縁に人間の衣服があり，芸術家たちによってこの分野をいわゆる芸術の領域にしようとする試みが繰り返しされていなければ，それについて言葉を費やすことはしないのであるが，触れておく。

　男の衣服については，繰り返し述べた法則が当て

市営鉄道，ヒュッテルドルフ駅：細部

　はまり，そして，それらの法則に向けられた攻撃はすべて全く効果がなかったので，本来，問題となるのは，女の衣服だけである。芸術的な観点からは，しかし，女の衣服は男の衣服よりはっきり美しいとされている。どちらも本質的な変化が起こるのは，趣味が作る芸術が多くの人びとの中に入り込んで，結果として，人びとの中に新しいものを創る衝動が生ずるからであり，そこで主役を演ずるのはつねに社会的状況である。

　衣服における流行や様式は，それゆえ，一般の人びとによってしか生み出されないものであり，その場合，女性は強力な協力者であるから，この分野における芸術指導が，この人類の半数の芸術的協力を阻んで，疑いもなく満足のゆかない結果にいたる，ということになるのであろう。

VIII.

賃貸共同住宅，ヴィーンツァイレ

　　何度も強調したことであるが，建築芸術家は，すでに作品の計画のときから材料と施工技術を想定していなければならず，したがってまた，それらを，必ず知っていなければならない。

　建築家が十分によく知り，ふだんの建築の仕事に使い慣れている手工芸的な成果から，目を転じて，立体測定法，織物，地盤工学，窯業，金属工学またそれらの幾百の手法といった，さまざまな工学技術の領域を見渡すなら，建築芸術家は，自分の創造によい結果を得るには，どのような知識と経験の宝庫を受け入れるべきであるか，明らかであろう。

　　近代の文化は，何千，何万ものものを考え出し，そして芸術は，今日すでに多くのもののために形を見出し，それどころか

市営鉄道，ヴェーリンク通り駅：高架橋

完成された形をあたえている。それらは，過去の形を思い出させない，いや，全く新しいものである。なぜなら，それらの前提，それらの構造の原理が，われわれの本来望むものと知るものに対応しているからである。

　これまで枯死していた芸術の野に，生気を与える息吹きが流れ，いたる所豊かに穀草が伸びている。芽をふき，伸びるものが，すべて実を結び，芸術の形となるわけではない。しかし芸術の自然な発達が求めているように，新しいものが生まれていることと，ついに芸術における断種[*]が明らかになったことは，われわれには都合のよい状況である。

　芸術は，ゆっくり誠実に前進し，完全にわれわれの時代に対応する美の理想に達するまで，創造的に弛まず生み続ける。

VIII.　　もちろん，それはいつかまた人間の狂気によって

聖ヨハネ礼拝堂，ヴェーリンク

谷に引き落とされるであろうが，新しい活力を吹き込まれるなら，つねにまた登って来るであろう。

かつてそうであった，つねにそうであろう。

芸術家の崇高な課題は，たとえ道が茨に覆われていようと芸術と共に歩み，芸術を棄てず，そのようにして，芸術の創り出すものによって人間に喜びを与えることである。

この言葉に自ずから誘われて，もう一度，心から戒めの声を，これから建築家となる人たちに，掛けたい。それは，人間が必要とするものを見，認め，知ることに熟達すること，そして認めた結果を創造の基礎とすること，である。

建築芸術は，現在の人間の生活に，必要に根ざさなければ，直接するもの，生気を与えるもの，新鮮にするものを欠くことになり，苦しい迷いの状態に沈み込んで，まさに芸術ではなくなるであろう。

市営鉄道，ヒュッテルドルフ駅

芸術は，人間のためにつとめるべき天職であり，多くの人びとは芸術のために存在するのではない。創造する力は，どの芸術作品にもつねに新しく現れなければならない，ということを，芸術家はつねに念頭に置かなければならない。

終りに，「どのようにして芸術家の著作権を守るべきであるか」という問題を取り上げたい。

作品の創造者が自分の作品から物質的，芸術的な成果を得，法律がそれについての著作権を守る，ということは確かに理にかない，正当である。

このことは単純に見えるが，行うことは難しい。作品については形の複製だけが問題であれば，法律は全く間違いなく運用される。しかし着想が問題となる場合は，その全部か一部が作品に転用される，

市営鉄道，ドナウ運河線：通路

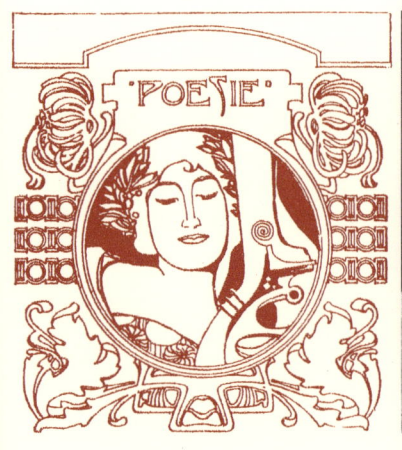

その着想に法的な保護はない。

着想は，芸術作品の創造的なものを形成するものであるが，まさにそれを守る法律はない。

少し変えたり変えなかったりして，着想は，手に入れやすい，非常に歓迎される分捕品と考えられ，それゆえ，正当な著作権の所有者がそれについての法的保護を求めると，長々と不愉快で費用のかかる訴訟に捲き込まれる。

まさしく芸術家は，豊かな思考を提供することを使命としているので，この悪習によって大いに害を蒙っている。このことは芸術教育者に普通より多く当てはまる。彼らが，芸術教育者に相応しく学生や多くの人の創造力を育てるように働きかけるとすれば彼らの円熟した着想は学ぶ人に役立つに違いない。それらを法律的に守ることができないことは明らかであり，問題は，そこで終わりである。それゆえ

市営鉄道,ドナウ運河線:通路

国の責務は,そのような教育者を尊重することと,法的保護のない創造的思考が,一般の人びとのものとなることへの代償を認めること,である。しかし,芸術家は着想を盗まれたとしても,近くの同僚から芸術的価値を認められたということに償いを見出し,また自らの救いとすることができよう。つまり,盗人や故買人は,それがいつでもできる所では,曝し台にさらされるということである。

VIII.

市営鉄道，ホーフパビリオン：待合室

結　び

本書は，最初の意図をはるかに越えて附け加えがされたが，私には，私の確信するところを最少限の形で表現しているだけのように見える。

　その内容は基本的なことだけであり，方法と手段，すなわち，次の積み石をどのように手に入れ，どのように積むか，それにどのような形を与えるかは，教室のチョークに委ねた。

　なお多くのことを書くべきであったろう。そこには図的表現が必要であったろう。私がそれをしようと思わなかったのは，これまでに私が出版したもの[*]が，ある意味で，ここで述べたことの図解となっているからである。それらは，ここで述べた見解が，

市営鉄道，ホーフパビリオン：暖炉

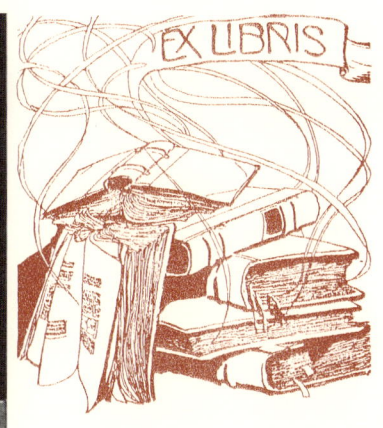

私の中でどのように成熟したか明快に示している。

近代建築という定められた目的に近づくために，われわれが進まなければならない道を，私は本書で示したと思う。

確かに「われわれはどのように建てるべきであるか」という問いに，厳密には答えられていない。**われわれの感情はしかし**今日すでに，次のように言わないではいられない，すなわち，支え持つ線，平らに仕上げた面，最大限の単純化，構造と材料の力強い表出が，将来新しく生まれる芸術の形を強く支配するであろう。近代の技術とわれわれの駆使する手段がこれらのことを引き起こす，と。

言うまでもなく，芸術がわれわれの時代の作品に与える美的表現は，近代人の見解や姿形と調和し，

ヒュッテルドルフ：食事室：細部

芸術家の個性を示すものでなければならない。

今日では，理想の抑圧や芸術水準の低下が論題になりえない，そして本書の文面を通して確信されることとそれらの確信によって支持されることのすべては以下のことを認めさせるに違いない，すなわち，人間がつねに求めてまさに得た大きな新しい駆動力は，今日なおひどく錯綜している芸術観を明快にするために，近代とは全く関わりのない過去の世紀の様式に従って上手に模倣された形，それがどれほど好まれ頑固に守られていようと，その形を使うどの教条よりも，確かに，強力に寄与するであろう。

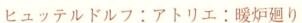

ヒュッテルドルフ：アトリエ：暖炉廻り

本書に示した目的に向かって努力する学生たちは，しかし，**あらゆる時代の建築家がそうであったように，その時代の子と**なろう。彼らの作品は固有の刻印を帯び，彼らは，引き続き造形する者として課題を解決し，真の創造をし，言葉は理解され，彼らの作品に世間の人は，自らの写像を認めるであろう。そしてあらゆる時代のあらゆる芸術家に固有であった自覚と個性と確信が，それらを特徴づけるであろう。

われわれは，われわれの父祖が先人の作品を畏れも知らず無視し，破壊して犯した間違いを避けたいと思い，われわれに伝えられた作品を宝玉のようにふさわしい枠に入れ，芸術史の立体的な図解として保存したいと思う。

文化の壮大な歩みは，われわれが先人に何を学び何を残すべきか，を明らかに示すであろう，そして

市営鉄道，ミヒェルボイエルン貨物駅：細部

踏み入った正しい道は，新しいもの，美しいものを
創るという目的地にわれわれを必ず導くであろう。

　　　　書で語った言葉が肥沃な土地に落ちて，
本　　学校のため学生のためになることを願い，
　　　　本書で述べた思考が，建築芸術の新しい
脈打つ生命を，そしてその豊かな目的を知る展開を
呼びさまし，それによってわれわれの美の理想——
　　　　　　近 代 建 築 ！
——の実現されるのが見られることを願う。

〔次ページ・O. ヴァーグナー『近代建築』（第3版）「VI. 構成」の原書見開きページの組方見本〕

Stadtbahn, Viadukt über die Zeile: Detail.

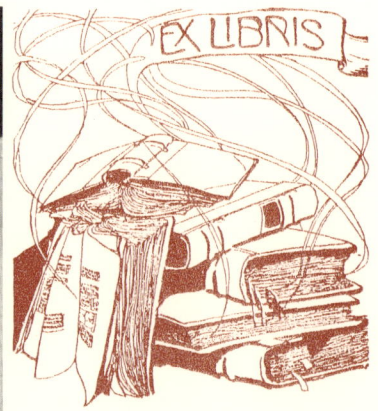

DIE KOMPOSITION.

DIE KUNST IST, WIE SCHON DAS WORT ANDEUTET, EIN KÖNNEN, SIE IST EINE FÄHIGKEIT, WELCHE, VON WENIGEN AUSERWÄHLTEN ZUR VOLLENDUNG ERHOBEN, DER SCHÖNHEIT SINNLICHEN AUSDRUCK VERLEIHT.

WIRD DIESER AUSDRUCK DURCH DAS AUGE WAHRGENOMMEN, SO ENTSPRICHT DIESE FÄHIGKEIT DEM BEGRIFFE „BILDENDE KUNST".

VON DEN BILDENDEN KÜNSTEN HABEN MALEREI UND BILDNEREI IHRE VORBILDER STETS IN DER NATUR, WÄHREND DIE BAUKUNST DIE MENSCHLICHE SCHAFFENSKRAFT DIREKT ZUR BASIS HAT UND ES VERSTEHT, DAS VERARBEITETE ALS VÖLLIG NEUGESTALTETES ZU BIETEN.

Stadtbahn: Hofpavillon, Detail.

▪ DER URKEIM DIESER NEUSCHÖPFUNG HAT SEINEN FRUCHTTREIBENDEN BODEN IM MENSCHENLEBEN; DIESEM ENTSPRIESZT DIE AUFGABE, WELCHE DIE KUNST DURCH DIE KÜNSTLER ZU LÖSEN HAT.

▪ DIESE AUFGABE, DIE BEDÜRFNISSE DER MENSCHHEIT RICHTIG ZU ERKENNEN, IST DIE ERSTE GRUNDBEDINGUNG DES ERFOLGREICHEN SCHAFFENS DES ARCHITEKTEN.

Der Beginn jedes baukünstlerischen Schaffens ist die Komposition.

▪ Ein Rezept für eine baukünstlerische Komposition gibt es bekanntlich nicht; in Erwägung des bisher Gesagten mag jedoch Nachstehendes als Ausgangspunkt einer Komposition gelten.

▪ Ein guter, großer Gedanke ist noch, bevor der Stift in Tätigkeit tritt, zu fassen und reiflich zu erwägen. Ob sich derselbe

〔訳者註〕（本文理解の一助に）

アカデミックな平面（原語：sogenannter akademischer Grundriß）　＜構成＞
ここで言う「アカデミックな」は，「学術的な」という意味ではなく，美術界で使われる「従前通りで，手堅く，手本になるような，しかし，活気や感激が感じられない」で，「平面」は「間取り」「建物の平面図」のこと。

ある優れた記念的建築　＜構造＞
ゼンパー（平面計画）とハーゼナウアー（立面意匠）設計のブルク劇場（工期1874-1888）を想定していると思われる。

アレオパゴス　＜建築家＞
アレオパゴス会議などとも訳される。古代アテナイの政治機構。アクロポリスに近い「アレス神の丘」（アレオパゴス）で開催されたため，このように称された。古代ローマにおける元老院のような役割を果たした。会員は最高職であるアルコンの経験者から選出され，その地位は終身。貴族によって独占されていたため，民主政確立の大きな妨げでもあった。

印象派　＜構成＞＜芸術実務＞
1874年にパリで行われたグループ展を契機に，多くの画家がこれに賛同し，ヨーロッパのみならずアメリカや日本にまで波及した，美術及び芸術の一大運動。印象派絵画の大きな特徴は，それまでの絵画に比べ，絵全体が明るく色彩に富み，光の動き，変化の質感をいかに表現するかに重きが置かれていたこと。また，写実主義などの細かいタッチと異なり，全体に荒々しい筆致が多く，絵画中に明確な線が見られないこともあげられる。

ヴィーンに建設中の王宮　＜構成＞
新王宮（Neuburg）のこと。計画の半分ほどしか完成しなかった。

ヴィーンの市立公園　＜芸術実務＞
旧市街の南側，ヴィーン川の畔にある面積65.000m²のイギリス式風景庭園。

ウンター・デン・リンデン通り　＜芸術実務＞
ドイツ・ベルリンの大通りの一つ。ブランデンブルク門からかつてのプロイセン（ベルリン）王宮（現博物館島）までの約1,300m。通りの中央に散策路があり，物売りがいて，ベンチがあり，散策者は菩提樹の並木道を満喫することができる。名前の通りウンター・デン・リンデン（Unter den Linden）「菩提樹の下（の通り）」そのもので，通りの両側にはベルリンの興隆を示す多くの歴史的建造物がある。

大きな政治的事件　＜様式＞
18世紀末から19世紀にかけての一連の対ナポレオン戦争を指すと考えられる。ナポレオンに支配された諸国では，その後急激な変化が起り，ナポレオンの残したフランス式の行政や司法の制度の確立とともに，各民族は民族意識に目覚め，民族の統一や他民族からの独立を目指した。

学校のため，学生の……　＜結び＞
この部分は，初版・第二版では「芸術，芸術家」，第三版では「学校，学生」，第四版では「学校，学生，芸術」と各版での表現が微妙に異なり，ヴァーグナーの心の動きが垣間見られる。

カナレット　＜様式＞
Canaletto（Giovanni Antonio Canale）（1697-1768）イタリアロココ期の画家，風景画を得意とす。

ガルニエ ＜建築家＞
Charles Garnier（1825-1898），フランスの建築家。パリ・オペラ座（ガルニエ宮）やモンテカルロの国営カジノの設計で知られる。

カルパッチオ ＜様式＞
Vittore Carpaccio（c.1460-1525／1526）。ベネチア派のイタリア人画家。「聖ウルスラ伝」の連作画によって知られる。

カロ ＜様式＞
Jacques Callot（1592-1635）。フランスバロック期のエッチング製作者，彫刻師，および画家。宮廷風俗や軍隊生活，宗教関係のほか，ピエロ，大酒飲み，ジプシー，乞食などを記録にとどめた一千四百以上の鮮やかで詳細なエッチング画を作る。その背景の多くに当時の風景が描かれているのも特徴。

記念的建築（モニュメント） ＜前書き-3＞＜建築家＞＜構成＞＜構造＞＜芸術実務＞
ヴィーンでは，1858年より取り壊しがはじまった市壁の跡地に，街の中心部（旧市街）を取り囲むように環状道路リングシュトラーセが造られ，その沿線にヴィーン宮廷歌劇場（現在の国立歌劇場）をはじめとして，ヴィーン市庁舎，国会，証券取引所，ヴィーン大学，美術館，博物館，ブルク劇場，ヴィーン楽友協会などの公共建造物，そして裕福なブルジョアたちの数多くの豪華な建物があいついで建設された。これらに代表される建築を，一般の建築と区別してモニュメント的建築（Monumentalbau）と呼ぶ。

近代建築 ＜書名＞＜結び＞
初版から第三版までは「近代建築（原語：DIE MODERNE ARCHITEKTUR）」であるが，第四版では「我々の時代の建築術」となっている。これは，絶えざる革新こそ建築（＝芸術）の生命と考えたヴァーグナーが，当初，単に「時好の，新流行の，

現代の」という意味で使われた「modern」が時間の経過ととも
にいわゆる「近代様式」等に概念固定されたのを嫌い，原初の
精神をあらためて表明したものと考えられる。
今回の訳では，「moderne」を先人の例に倣い「近代」としたが，むしろ，語源の意の「新しい時代の」「今日の」「現代の」とすべきであったかと思う。

クレンツェ　＜建築家＞
Franz Karl Leopold von Klenze（1784-1864）。ドイツ新古典主義時代の最も重要な建築家の一人。ルードヴィッヒ，バイエルン王の「ミュンヘンをヨーロッパの主要都市に，文化の中心地に」という計画に数十年間深く関わる。

芸術実務（原語：Kunst praxis）＜建築家＞＜芸術実務＞
実際の建築作業において，具体的にどこに注目しなければならないかを，例をあげて述べた章。「建築術のミソ，勘どころ」といったところ。

芸術における断種　＜芸術実務＞
様式主義的考え方には新しい造形の可能性に挑戦することがないため，次の世代の芸術を生みだすことが本質的に不可能であるという意味。

芸術屋（原語：Kunsttwitter）＜建築家＞
芸術おしゃべり屋。芸術（業界）についての事情通，あることないことを吹聴する輩。

「芸術を支配するものは…」（原語：ARTIS SOLA DOMINA NECESSITAS）＜構造＞
原語（ラテン語）は「芸術（技術）の唯一支配者は必要である」ほどの意味。
現代の要求に合致した「合目的」的建築を創ろうというヴァーグナーの考えの象徴となったものだが，本文にあるように，本

質的には，ゼンパーの『様式論』の中の"Nur einen Herrn kennt die Kunst, das Bedürfnis.「芸術はただ一つの支配者，必要，を知るのみ。」をラテン語に言い換えたもの。

ケルン（ケルン大聖堂）　＜構成＞
現在の大聖堂は三代目。二代目が消失した年の1248年に建設がはじまったが，16世紀，宗教改革を発端とする財政難から工事が中断，建物正面の塔が一つしかない状態が続いた。19世紀に入って，ナポレオン戦争の影響によりナショナリズムが高揚，中世ドイツに自民族の伝統を探し求める動きが強まり，ゴシックリヴァイヴァルが起ると，建設途中であったケルン大聖堂に注目が集まり，1842年に工事が再開された。全てが完成したのは1880年。

構成（原語：Komposition）　＜構成＞
コンポジション，構図，節付け，組成，いくつかの要素を組み合わせ，一つの全体を作り上げること。その組立て方。

構造（原語：Konstruktion）　＜構造＞
原語のKonstruktionの意味には，仕組，組立て，作り方，建て方，施工，工作，建造，架設，構築，構造，構成，組織，結構等があり，訳語としては章全体の内容から「構造」とした。

ゴシック様式　＜様式＞
西ヨーロッパの12世紀後半から15世紀にかけての建築や美術一般を呼ぶ様式。この時代の様式を初めに「ゴシック」と呼んだのは，15〜16世紀のルネサンス期イタリアの人文主義者たちで，混乱や無秩序が支配する野蛮な様式だとして侮蔑の意味で「ドイツ様式（la maniera tedescha）」または「ゴート族の様式」つまり「ゴシック様式（la maniera gotico）」だと言い表した。当時，「ゴート族」という言葉はしばしばゲルマン人全体を指しており，ローマ帝国と古典芸術を破壊した蛮族という認識であった。

しかし，ゴシック様式は，実際にはフランスのイル・ド・フランス地方に始まり各地へ広まったもので，ゴート族またはドイツ語を話す人々が創始した様式ではない。また，当時の人々はこれを「現代様式」，「フランス様式」と呼んでいた。

国会議事堂はギリシア様式 ＜様式＞
ウィーンにある国会議事堂は1874年に建てられたネオゴシックの影響を受けたギリシャ-ローマ様式の建物（設計：テオプフィル・ハンセン）。

ゴットフリート・ゼンパー ＜建築家＞＜構成＞＜構造＞
Gottfried Semper（1803-1879）19世紀ドイツの建築家，建築思想家。ハンブルク生れ。法律と数学を学んだのち，ゲルトナーに建築を学び，1834年ドレスデンの芸術アカデミーの教授となった。代表作にドレスデンの歌劇場（ゼンパー・オーパー）など。1855年設立されたスイス・チューリッヒの工芸大学に招かれ，1860年から刊行された『様式論』をはじめとする一連の建築書は，モダニズム以降の建築や建築論に決定的な影響を与えた。

古ドイツ様式（原語：altdeutsche Stil）＜様式＞
ロマネスク，ゴシック様式など西ヨーロッパが勢力を拡大した中世を思わせる様々な装飾エレメントで構成した様式。ヴィーンでは市庁舎北隣の街区などに見られる。

コンコルド広場 ＜芸術実務＞
コンコルド広場（Place de la Concorde）は，パリの中心部，チュイルリー公園とシャンゼリゼ通りに挟まれて位置する。1755年，Ange-Jacques Gabrielによって設計され，当初ルイ15世の騎馬像が設置されていたため「ルイ15世広場」と呼ばれた。その後，フランス革命の勃発により，騎馬像は取り払われ，「革命広場」に改称。革命期には，ルイ16世やマリー・アントワネットの処刑が行われた場所でもある。1795年より現在の「コンコ

ルド広場」という名前で呼ばれる（公式名になったのは1830年）。

今日支配的な見解 ＜前書き－1＞
様式主義（歴史主義，折衷主義）的建築術のこと。

サンソヴィノ ＜建築家＞
1，Andrea dal Monte Sansovino（1467-1529），盛期ルネサンス期のイタリア人の彫刻家・建築家。弟子にヤコポ・サンソヴィノがいる。
2，Jacopo d'Antonio Sansovino（1486-1570），イタリア人。ヴェネツィアのサンマルコ広場周囲の作品で特に知られる，彫刻家・建築家。
年齢が合わないので，ヴァーグナーは二人を混同していたのではないか（？）。

サン・ピエトロ広場 ＜芸術実務＞
バチカン市国南東端にあるカトリック教会の総本山，サン・ピエトロ大聖堂の正面にある楕円形の広場。ジャン・ロレンツォ・ベルニニの設計により，1656-67年に建設された。四列のドーリア式円柱による列柱廊と140体の聖人像に囲まれた巨大な広場で，中央にオベリスクが立つ。ベルニニはこの広場をコロッセオのような巨大な劇場空間へと変貌させようとし，さらにこの形に「母が両腕を広げて受け入れる姿」，大きな愛で包み込まれるような温もりを持ったものにしたかったという。

市庁舎広場 ＜芸術実務＞
市庁舎と王立劇場の間にある広場，面積約80,000㎡，対面のブルク劇場との間の広場（導入路）を除いて，ほとんどが公園（緑地）である。

実際屋（原語：Praxisvampir） ＜建築家＞
実務吸血鬼。お金にさえなる仕事であれば節操なく何でも，他

人の仕事を奪ってでもやろうという輩。

姉妹芸術（原語：Schwesterkünste）　＜建築家＞＜芸術実務＞
広義には視覚芸術，空間芸術，時間芸術の芸術全般を含めることができるが，ここでは建築に直接関係してくる絵画，彫刻，工芸などの造形諸芸術のことであろう。

蛇腹　＜構成＞
コーニス。軒や壁に帯状に突出する装飾，胴蛇腹・軒蛇腹・天井蛇腹など。

シャンゼリゼ通り　＜芸術実務＞
フランス語：L'Avenue des Champs-lyses，または Les Champs-lyses。フランス・パリの市内北西部にある大通り。パリ市内で最も美しい通りとされ，特にフランスでは「世界で最も美しい通り(la plus belle avenue du monde)」という表現が使われている。

ジョーンズ　＜建築家＞
イニゴー・ジョーンズ（1573-1652），17世紀英国の建築家。イタリア遊学時にイタリア・ルネサンス建築の影響を受け，ジョージ王朝期のブリテン島におけるパラーディオ主義（またはパレイディアニズム）の流行を決定づけた。英国における最初の建築家と見なされている。

シンメトリー　＜構成＞
左右の大きさ・形・色などの釣り合いがとれ，調和していること。均整，均斉，対称，相称。

ゼツェッシオン（分離派）　＜前書き-2＞＜芸術実務＞
ヴィーン分離派（Wiener Secession, Sezession）セセッションともいう。19世紀末のヴィーンで展示会場を持っていたのはキュンストラーハウス（küstlerhaus：芸術家の家）という芸術家団体であった。若い芸術家たちは次第にその保守性に不満を持

つようになり，1897年に画家クリムトを中心に造形美術協会を結成したが，キュンストラーハウスはこれを認めなかった。そのため，クリムトらはキュンストラーハウスを脱退し，ヴィーン分離派を結成。絵画，彫刻，工芸，建築などの会員が集まり，過去の様式に捉われない，総合的な芸術運動を目指した。これより先，1892年にミュンヘン分離派が結成されており，その影響を受けている。ヴィーン分離派は建築の分野で大きな展開が見られ，総合芸術を志向していた点に特徴がある。また，クリムトに見られるように世紀末の官能的，退廃的な雰囲気も漂わせている。分離派の活動は現在まで続いているというが，一般にヴィーン分離派でイメージされるのは，19世紀末から20世紀初めの活動である。クリムト，オットー・ヴァーグナーらは1905年，考え方の違いから脱退している。

折衷主義 ＜前書き-2＞＜芸術実務＞
18世紀に市民革命，産業革命，ナポレオン戦争を経験したヨーロッパは，19世紀に入ると人や物の移動が盛んになり，入手できる情報の量が格段に増えた。その結果，建築においても，過去の，そして様々な地域の多種多様な建築を理解するに，系統的に分類・整理する必要が生れ，建築は様式のヴァリエーションとしても捉えられるようになった。

このことは，建築的ものづくりに新たに様式の選択という可能性を加えることとなり，さらに特定の様式に特定のイデオロギーが結びつくと，たとえば，ゴシック様式はキリスト教文化にもっともふさわしい表現であるなどと理解されるようになった。こうして始った様式の選択という建築行為は，時代の要求に対し，過去のあるいは他地域の文化的ストックを掘り起こし，そのイメージで応えるというもので，19世紀の建築家に求められたのが，ある建物に対しその機能や用途にもっともふさわしい様式を選び出す，という能力であった。しかし，建築家は，建物に応じて様式を選び使い分けるだけでは飽きたらず，ひとつの建物のうちに異なる様式を混ぜ合わせる可能性を模索するようになり，複数の様式を混ぜ合わせることこそ他の時代にはな

い独自の創造行為であると考えるようになった。これが設計理論としての折衷主義で，ヴァーグナーが最も強く攻撃するものづくりの考え方である。
なお，特定の様式にこだわり様式的に純粋であろうとする態度を歴史主義，多種多様な様式に中立的に向き合うような態度を折衷主義と呼ぶ。

対位法　＜構成＞
和声法と並ぶ音楽理論の一つ。和声法が音楽を和音で捉えるのに対し，対位法は旋律で捉え，複数の旋律を，それぞれの独立性を保ちつつ互いによく調和させて重ね合わせる。バッハの「平均率クラビーア曲集」や「フーガの技法」「音楽の捧げ物」など。ヴァーグナーが対位法を例に出したのは，建築を構成する諸要素はそれぞれ独立した筋道で満たされていなければならず，また，それらがある場面，空間においては調和したものでなければならないことが，和声ではなく対位法に似ていると考えたからであろう。

ダーウィン　＜構造＞
Charles Robert Darwin。(1809–1882)，イギリスの自然科学者。卓越した地質学者・生物学者で，種の形成理論を構築。

チョドヴィエッキ　＜様式＞
Daniel Niklaus Chodowiecki (1726–1801) ポーランド系ドイツ人，画家と版画制作者。人生の大部分をベルリンで過ごし，ベルリン美術学校の主任教授を務める。

鉄筆　＜様式＞
エッチング版画の製作に用いるニードル（針）のこと。

デューラー　＜様式＞
Albrecht Dürer (1471–1528) は，ドイツ・ルネサンス期の画家，版画家，数学者。父も同名。

電気の光 ＜芸術実務＞
電気の研究は古代からずっと行われてきたが，大いに進展したのが19世紀の前半。19世紀後半に入ると産業革命の進展ととも電気工学が急速に発展。ニコラ・テスラ（墺・米1856-1943）による交流発電機ほかの発明，1879年スワン（英1828-1914）による白熱電球の発明，トーマス・エジソン（米1847-1931）らによる改良の成果は，それまでの生活習慣をまったく変貌させるものとなった。

土地の精神（ゲニウス・ロキ）（原語：genius loci）＜前書き-1＞＜構成＞
ローマ神話における土地と時間の守護精霊。蛇の姿で描かれることが多い。欧米での現代的用法では，その時代における「土地の雰囲気」や「土地柄」を意味し，守護精霊を指すことは少ない。

ナッシュマルクト ＜芸術実務＞
18世紀以来の「ヴィーンの胃袋」とも呼ばれるヴィーン市内最大規模の食品市場。ヴァーグナーの賃貸共同住宅の3つが通りを隔てた向い側にある。

ニュルンベルク ＜芸術実務＞
現在のニュルンベルクは，人口50万人を超えるドイツ・バイエルン州第2の都市（ドイツ全体では14番目）。隣接するフュルト，エアランゲン，シュヴァーバッハと共にフランケン地方の経済的・文化的中心。中世からの伝統ある都市で，現在も旧市街は中世の城壁で囲まれている。リヒャルト・ヴァーグナーの楽劇『ニュルンベルクのマイスタージンガー』の舞台としても知られる（この楽劇の初演は1868年6月21日，ミュンヘンの宮廷歌劇場。ヴィーン初演は1899年で指揮はグスタフ・マーラー）。

パリ（パリ・ノートルダム大聖堂 Cathdrale Notre-Dame de Paris）＜構成＞
1163年，司教モーリス・ド・シュリーによって，現在にみられ

る建築物が着工され，1225年に完成した。ファサードを構成する双塔は1250年に至るまで工事が続けられ，ヴォールトを支えるフライング・バットレスは12世紀に現様式に取り替えられた。最終的な竣工は1345年。ファサードを装飾する彫刻，屋根の塔，その他多くの部分は，19世紀のゴシック・リヴァイヴァル期にヴィオレ・ル・デュクによって大幅に改装された。

張り出し（原語：Risalit） ＜構成＞
建物本体から外側に突き出た部分。主にバロックあるいはルネサンス建築において建物の形を整えるために用いられた。

バロック ＜構成＞＜芸術実務＞
16世紀末から17世紀初頭にかけイタリアのローマ，マントヴァ，ヴェネツィア，フィレンツェで誕生し，ヨーロッパの大部分へと急速に広まった美術・文化の様式。言葉の由来は，真珠や宝石のゆがんだ形を指すポルトガル語の barroco からとされているが，17, 8世紀の当時の芸術家たちは，中世のフォルムや，建築のオーダー，ペディメント（破風），古典的なモデナチュール（刳り形）といったギリシア・ローマの題材を利用していたことで，「バロック」ではなく「古典主義」と考えていた。

ハンス・マカルト ＜建築家＞
Hans Makart（1840-84）ヴィーンのネオ・バロックの旗手，マカートとも記される。画家というよりファッションや建築にも才能を開花させた総合芸術家。「リングシュトラーセ時代」の主導者。特にファッションではマカルト・ロートという赤色に名を残している。弟子には画家のクリムトがいる。

フィッシャー・フォン・エアラッハ ＜様式＞
父：Johann Bernhard Fischer von Erlach（1656-1723）は，オーストリアバロック期の大建築家。彫刻家として仕事を始めた後，ローマでG．L．ベルニニと理論家P・ベローリ，ボロミーニのもとで建築を学ぶ。作品は，王宮他各地に多数。子：

Joseph Emanuel Fischer von Erlach（1693-1742）も父の後を継ぎ，多くの名建築を残した。

ブラマンテ　＜建築家＞
Donato Bramante（1444頃-1514）。イタリアの盛期ルネサンスを代表する建築家。ローマ建築を再構成して記念性を持った古典様式を創出し，以後の古典主義建築に絶大なる影響力を及ぼした。

フランツ・ヨーゼフ河岸のアーケードと住居　＜芸術実務＞
旧市街の東側，ドナウ運河沿いの一地区，第二次世界大戦で破壊，現存せず。

古いものに今までに現れた……　＜様式＞
註の「目を引く」，「絵のような」，「折衷主義」を参照。

「見つけた」（ヘウレーカ）（原語：Heureka）　＜様式＞
アルキメデスがアルキメデスの原理を発見した際，叫んだとされる言葉。「私は見つけた」「わかったぞ」というほどの意味。ウィトルウィウスの『建築について』巻9に見える。古代ギリシア語では「ヘウレーカ」もしくは「ヘーウレーカ」のように発音する。近代西欧語の多くでは「eureka」と表記されることが多く，英語での発音はユリーカ，ユアリーカなど。

ベルニニ　＜建築家＞
Gian Lorenzo Bernini（1598-1680），イタリア人，彫刻家，建築家，画家。「ベルニニはローマのために生まれ，ローマはベルニニのためにつくられた」と賞賛されたバロック芸術の巨匠。古代遺跡が残るローマは彼によって，壮大なスケール，絢爛豪華な装飾にあふれる美の都に変貌。人々は彼の作品を「芸術の奇跡」と絶賛した。

ポチョムキン村 ＜芸術実務＞
主には政治的な文脈で使われる。もともとは，ロシア帝国の軍人で1787年の露土戦争を指揮したグリゴリー・ポチョムキンが，皇帝エカチェリーナ2世の行幸のために作ったとされる「偽物の村」のこと。貧しい現実や不利となる実態を訪問者の目から隠すために作られる，見せかけだけの施設のこと。

ボッシュ ＜様式＞
Abraham Bosse（1602, 1604-1676）。フランスの画家，当時の中上流階級の風俗，宗教，文学，歴史，工学科学などのエッチング，水彩画の作品多数。

マジョリカ焼き ＜芸術実務＞
マジョルカ，マヨリカ，マイヨリカとも呼ばれるイタリアを代表する錫釉色絵陶器の総称。名称の起源は，イタリアに盛んに輸入されたスペイン陶器がマジョリカ島から積み出されたことから。その後イタリアで模倣に成功し，各地に窯が築かれた。地中海地方の赤土を用いて成形し，800℃くらいで素焼きした後に，器表のほぼ全体に錫釉を施す。この錫釉は乳濁白色に発色するが，その上に赤，黄，緑や藍など多くの絵の具（酸化色材）を使って絵付けし，さらに900〜1100℃前後で焼き上る。

マデルナ ＜建築家＞
Maderna, Carlo（1556-1629），ミケランジェロの後を引き継ぎ『サン・ピエトロ大聖堂』の増築を行う。

マリアヒルファー通り ＜芸術実務＞
リンク（旧市街を取り巻く環状道路）から西に向かう古くからの重要な道路で現在およそ4kmの通りで市民のための庶民的雰囲気のショッピング街。日本式のデパートなどもあり，他の目抜き通りに比べて比較的近代的な建物が多い。

マンサード屋根 ＜芸術実務＞
17世紀のフランスの建築家フランソワ・マンサールが考案したとされる屋根。寄棟屋根の，外側の四方向に向けて二段階に勾配がきつくなる外側四面寄棟二段勾配屋根である。天井高を大きくとったり，屋根裏部屋を設置したりするのに適している。腰折屋根とも訳されるが，腰折屋根は切妻であり，正確にはギャンブレル屋根という。

ミケランジェロ ＜建築家＞
Michelangelo di Lodovico Buonarroti Simoni（1475-1564）。イタリアルネサンス期の彫刻家，画家，建築家，詩人。バチカンの『サン・ピエトロ大聖堂』の設計者。レオナルド・ダ・ヴィンチ，ラファエロ・サンティとともにルネサンスの三大巨匠と呼ばれる。ミケランジェロは長命で，作品も盛期ルネサンスの時代から，マニエリスムの時代への移り変わりを示し，その躍動的な表現は，次のバロックの時代を準備したといわれる。

ミラノ（ミラノ大聖堂） ＜構成＞
ドゥオーモの最初の石は1386年に大司教アントーニオ・ダ・サルッツォとミラノの領主ジャン・ガレアッツォ・ヴィスコンティの要求により，古代からあったサンタ・マリア・マッジョーレ大聖堂の場所に置かれた。最初の石が置かれてから約500年後の1813年に完成した。19世紀を通じて，尖塔と全ての装飾が仕上げられた。

迷宮に導きの糸 ＜前書き-1＞
「アリアドネの糸」とも呼ばれる，難問解決の導きとなるもののたとえ。ギリシア神話に由来。アテナイの王子テセウスがクレタ島に住む牛頭人身のミノタウロスを退治しにラビリントス（迷宮）入った際，クレタの王女アリアドネから，これを入り口に結びつけ，ほぐしていけば帰ってこられると糸玉をもらう。テセウスは目的を遂げ，この糸を手繰って無事帰還できた。

目を引く（原語：malerisch）＜建築家＞＜様式＞＜構成＞＜芸術実務＞
英語のpicturesqueに相当する概念。「絵のように美しい」、「絵の主題としてふさわしい」といった意味で、建築的には、建物をその周辺までも含めて絵画的にまとめる手法のこと。当初（18世紀中期）は主としてクロード・ロラン（仏）やヤーコプ・ファン・ロイスダール（蘭）らの描く詩情豊かな理想的風景を表わす言葉であったが、こうした特徴を現実の景観に求めるようになり、「イギリス式庭園」の誕生や歴史主義建築に繋がる過去の様式の情緒的復興を促した。「目を引く」の特徴は、不規則さ（アシンメトリー性）、過去への憧憬、異国的なものへの好奇心で、建築における好例は、ジョン・ナッシュによるロンドン、リージェント・パークにおけるテラスハウスとされている。

モチーフ　＜建築家＞＜構造＞
「動かす」の意味のラテン語に由来。基本的には芸術創作あるいは表現の動因を指し、その動因となっている中心的な構想、作品に表わされた内容の中心をなす題材をいう。

持ち送り　＜構成＞
壁から突き出した石などの構造物で、その上に張り出した重量を支持する。持出し、持送り積み、受け材ともいう。

『様式論』　＜構造＞
著者ゼンパーは、ギリシアの古典芸術が、その前段階としてエジプトの文明が、そしてさらにその前にバビロニアやアッシリアの文明が存在して成立していることに注目。その美の基準が、文明から文明へと受け継がれていったことを裏付けるために、生物学の手法である比較分析的方法で古代文明の発掘物を系統的に分類した。その結果、造形は素材と加工技術とに依存すること、そしてそれを洗練させることで、素材に特有なデザインパターンが生成することなどを立証した。その成果が発表されたのが1863年までに出版された『Der Stil（様式論）』で、その

中に「芸術はただ一つの支配者，必要性を知るのみ。」がある。

ラーゼル大理石 ＜構造＞
またはラース大理石。南チロル（イタリア）ラースに産する，非常に硬く，耐摩耗性，耐候性のある大理石。19世紀中ごろより建築家，彫刻家に用いられるようになる。それ以前はチロル大理石，ヴィンシュガウ大理石，ゲフラン大理石として流通する。

ルネサンス ＜様式＞＜構成＞＜構造＞＜芸術実務＞
ルネッサンスとも書く。14世紀 16世紀にイタリアを中心に西欧で興った古典古代の文化を復興しようとする歴史的文化革命あるいは運動，および，その時代。ルネサンスとは「再生」（re －再び＋naissance 誕生）を意味するフランス語。

ルーベンス ＜様式＞
Peter Paul Rubens（1577-1640），バロック期のフランドルの画家及び外交官。「ルーベンス」はドイツ語読み，オランダ語では「リューベンス」。

ル・ポートル ＜様式＞
Jean le Pautre（1618-1682），フランスのデザイナー，彫刻師。

私が出した図版集 ＜前書き-1＞
私がこれまでに出版したもの ＜結び＞
著述リスト（P.219）参照。

〔訳者註参考文献〕
ブリタニカ百科事典／ブリタニカ・ジャパン，世界大百科事典／平凡社，西洋美術用語辞典／岩波書店，西洋美術作品レファレンス事典／日外アソシエーツ，西洋美術史ハンドブック／新書館，新西洋美術史／西村書店，西洋美術史小辞典／美術出版社，図解建築用語辞典／理工図書，Das neue AEIOU Österreich-Lexikon, Brockhaus Enzyklopdie, 21. Auflage, Dehio Wien,
Knaurs Stilkunde Bd.1, 2, Die Schule Otto Wagners／AntonSchroll&co., Moderne Architekutur 1, 2, 3, AntonSchroll&co., Die Baukunst Unser Zeit／Löcker Verlag, Wagner Modern Architecture／H.F.Mallgrave, Otto Wagner／W.Zednicek

後書き

なぜこの本を訳したか

　オットー・ヴァーグナーの建築は時代を越えて美しい。シュタインホーフの教会堂はもちろんのこと，郵便貯金局や鉄道駅のような実用建築もあでやかで美しい。一世代若い同じヴィーンの建築家アドルフ・ロースは「装飾は罪だ」と言ったが，ヴァーグナーの建築の前では空しく聞こえる。また，ヴァーグナーの平面や断面は，設計競技に応募したものばかりか街なかの銀行や集合住宅のものまで引き締まって力強く美しい。

　このような建築を設計したヴァーグナーはどんな考えを持っていたのか。よく建築史に引用される言葉，「目的を把握し，それに適した材料と構造を選び，そこで成り立つ形，それがわれわれの時代の建築様式である」は結論であり，しかもヴァーグナーの建築の美しさは「必要様式」では説明しきれない。彼の考え方をその著『近代建築』で読んでみたいとかねて思っていた。6年ほど前，その第4版──『われわれの時代の建築芸術』と改名した1915年版──の復刻本を手に入れた。そして数年前，ヴィーンで勉強して来た佐久間に会い，1902年の『近代建築』第3版の写しを持っているという。佐久間は，歴史に興味をもって，ヴァーグナーだけでなく同時代や前後に建てられた建物を見ているので，これ以上よい勉強相手はなく，いよいよヴァーグナーの本を読むこととなった。

　すでに建築家の章を読み始めたときから，それらの言葉をこれから建築を始める学生たちが読んだらどうかと思うようになった。確かにこの本は，初版の前書きによれば，ヴィーン美術

ヴァーグナー肖像

学校の教授に任命されたヴァーグナーがそこで行なった講義をまとめたもので，副題にも「建築青年に与えるこの芸術領域への手引き」とある。建築家や建築についての基本的なことをこのように簡潔に述べた本は少なく，それらは100年近くたった今日も通用する。また，現代の建築状況を知るには近代建築を源まで振り返って見る必要があり，それには歴史様式の修練を受けたペレやヴァーグナーの建築から始めるのが適当であろうと思っていた。

　こうして，この本を訳すことになった。読み進むうちに，構造の章ではヴィオレ・ル・デュックの考えとの近さが感じられ，都市を論じたところではエリエル・サーリネンの都市計画への影響が想像されて，この本が一時期を画した重要な記録であるように思われてきた。今後は，ヴァーグナーの建築観，都市観の形成に何が寄与したか，この本がドイツ語圏ばかりでなくその圏外でもどのような影響を与えたか，など調べてみたい。

　この本の構成とヴァーグナーの考え
　ヴァーグナーのカール広場の計画や博物館の平面が壮大で緊

カール広場計画案

密な構成を示しているように、この本も整然と構成されている。
　まず「建築家」の章で、この職業につく者の心構えと建築教育について語り、続く3章で、これまでの美術学校の基本的な問題であった「様式」、「構成」、「構造」についてヴァーグナー独自の見解を展開し、「芸術実務」と題する最後の章では、全体の3分の1ほどの紙数を当てて、建築製図の表現方法から室内の絵の飾り方、都市の広場や大気汚染まで実際的な課題を扱っている。そして全体を貫く考えは、結語にあるように「建築家はつねに時代の子であり、その時代が必要とするのを知らなければならない」という主張である。しかし、この本がいわゆる「必要様式」を説くだけではないことは、「あらゆる建築創造の始まりは構成である」という言葉で始まる「構成」の章や、「どの建築形態も構成から生まれ、建築家によって芸術形態にまで

ヴィーン22区計画案

高められる」ことを論じた「構造」の章で明らかである。また，近代の最も必要とするものとして大都市の整備計画を挙げ，「芸術実務」の章で広場や公園から鉄道，橋，住宅街の景観にまで論を進めているのがこの本の特色である。美術学校に教授として迎えられる前の年，ヴァーグナーはヴィーン市総合整備計画の設計競技に当選した3人の中に入り，翌年ヴィーン交通施設，ドーナウ整備委員会の芸術顧問に任命されているだけに，その意見と提案は実際的である。

　第4版では，前書きに「ヘルマン・ムテジウスの著書によって間違いに気づいて」本の表題を『近代建築』から『われわれの時代の建築芸術』に改めたとあり，他にも字句の書き換えや削除，挿入がいくつかあり，さらに後に「芸術の奨励」と「芸術批評」の2章が増補されている。前の章では，第3版の「建築家」の章で論じた国による芸術の保護の問題を取り出して詳しく扱い，後の章では，そのころヴィーンで建てられた建物を鋭く批判して，どちらにも，社会に強く働きかけるヴァーグナーの姿勢が見られる。

私たちは第3版と第4版を較べながら読んで，ほぼ全部を訳したが「建築青年への手引き」としてだけでなく，ヴァーグナーの建築と都市観を知るためには，第3版だけで十分であると思い，まず第3版による訳を発表することにした。

　第3版と第4版の間には世紀の初めの10余年の変化があり，その間に，ヴァーグナー自身もゼツェッシオンから脱退し，カール広場の計画案を繰り返し変更して提案したが採用されなかったなどという事情がある。第3版と第4版の違いを調べることによって，「時代の子」ヴァーグナーの特質をさらによく知ることができよう。次の機会に，第4版の訳を註として第3版の訳の補いとしたい。

　この訳書が出版できたのは，東京工業大学の平井聖先生から中央公論美術出版の小菅勉さんに話していただいたお蔭である。本書を取り上げて下さった同社はじめ，皆様方に御礼を申し上げます。

　本書の成立した時代的，社会的背景
　ヴァーグナーは，建築家は「時代の子」であり，「土地の霊」を尊重しなければならない，と繰り返し言う。彼が生きた19世紀後半とヴィーンはどのようなものであったか。

　ドナウ河の岸辺，アルプス山脈が「ヴィーンの森」となってハンガリア平原に変わる所に，ヴィーンは，一世紀ごろからローマ帝国北辺の基地ヴィンドボナとして現われる。ゲルマン民族と東方諸民族との接する交易上，戦略上の要衝にあたるこの地は，12世紀にはバーベンベルク家の首都となり，十字軍の通路にあたる商業の中心として発展し，聖シュテファン寺院も建てられ，そのゴシック様式の尖塔は遠くから望まれるヴィーンの目じるしとなった。

　ハプスブルク家の支配となってから神聖ローマ帝国の中心都

市として栄え，トルコ軍の包囲から脱した17世紀の末からカルル6世やマリア・テレージアの保護のもとにバロック文化が開花し，ルーカス・フォン・ヒルデブラントによるベルヴェデール宮やピアリステン教会堂，フィッシャー・フォン・エアラッハによるシェーンブルン宮やカール教会堂が建てられた。

19世紀初めの対ナポレオン戦争でハプスブルク家は多くの領土を失ったが，ナポレオンの失脚後，ヨーロッパの新体制を決めたヴィーン会議の結果，オーストリアはあらたに結成されたドイツ連邦の盟主となり，ヴィーンは中部ヨーロッパの首都の観を呈して，ビーダーマイヤーと呼ばれる簡素で優美な市民文化を生み出した。この時代は，音楽や詩，風俗画，家具や工芸，そして何よりも「ヴィーン風」の市民生活を洗練させたが，また，「ヴィーン体制」の下の保守反動政策によって民衆の不満は募り，1848年の革命にいたる時代でもあった。

ヴァーグナーが生きた革命の後の時代は，グリュンダーツァイト（泡沫会社濫立時代）とも呼ばれ，くるくる回るウィンナ・ワルツや強烈な色彩のマカルトの絵画，リンクシュトラーセ（ヴィーンの旧市街を取り巻く環状道路）に建てられた壮麗な記念建築群に代表される，華やかで活気に溢れた経済的発展の時代であった。しかしまた，遅れて来た産業革命によって工場，鉄道，銀行がつぎつぎと建設され，人びとが帝国の各地から集まってヴィーンの人口が2倍，3倍に増え，土地と住宅が投機の対象となり，今日の都市問題のほとんどが現われた時代でもあった。

ところで，革命後18歳で即位したフランツ・ヨーゼフ1世による1857年のリンクシュトラーセ建設の命令は，「郊外との結びつきを考えた旧市内の拡張に速やかに取りかかり，それとともにわが都市，帝国の首都の整備と美化をはかることはわが思うところである」という言葉に始まるが，これはまたこの時代一

般の「思うところ」でもあり，60年代から80年代までのわずかな期間に国会議事堂，市庁舎，大学，宮廷劇場，オペラ座，二つの博物館といった公共建築がリンクシュトラーセに面して建てられた。それらの建物はすべて歴史様式に従い，都市計画は古典的な格子型や放射状にされているが，それらの表現は，滅びゆく帝国の栄光を守る最後の抵抗であると同時に，新たに力をつけてきた市民の存在の主張でもあると言えよう。しかし，そのような建築方法にたいする不安や批判は，たとえば，国会議事堂などを建てたテオフィル・ハンゼンの「建築構造の基本形態は今日汲み尽くされて，建築は今後は全く主観的な折衷主義に頼るのであろうか。それとも，われわれは過度期にいるだけであって，遅かれ早かれ，次の時代を支配し，次の時代に妥当する新しい様式が生まれて来るのであろうか」といった言葉や，宮廷劇場や新王宮の設計者ではあるが「芸術を支配するものは必要のみ」という言葉で有名なゴットフリート・ゼンパーの考えなどに知られる。また一方，古典主義的な都市景観にたいして，いわゆる「古ドイツ様式」やカミロ・ジッテの『芸術的原則に基づく都市計画 (邦訳は『広場の造型』)』のように，中世や民族の昔の型に戻ろうという呼び掛けもあって，人気を得ていた。

　このような時代的背景のもとで，古典主義の教育を受けたヴァーグナーは，公共建築の設計競技に応募する一方で都市の整備や交通問題に提案を行ない，『近代建築』の講義をしたころは，鉄道駅や水門や貯金局など実用建築に芸術性を与えようとしていた。ヴァーグナーがどの点で「土地の霊」から脱したか脱しなかったか，「時代の子」を越えたか越えなかったか，判断は読者におまかせする。

　ヴァーグナーのアトリエに働いた者にダルムシュタットの芸術家村に招かれるヨーゼフ・マリア・オルブリッヒ，教えを受

215

けた者にヴィーン工房の中心的な一人となるヨーゼフ・ホフマンやチェコ出身のヤン・コチェラ，スロベニア出身のヨーゼフ・プレチェニク，クロアチア出身のヴィクトル・コヴァチッチュらがいて，それぞれの地で近代建築の創始者となった。

1985年9月記

樋口　清

訳本第2版　あとがき

　本書が再び世に出ることになった，しかも装幀が原本に近い形で美しくなって。
　これは，訳者にとって，望外の喜びである。
　本書が初めて出たのは，27年ほど前である。
　その後，日本の状況はかつてのヴァーグナーの時代のヴィーンと同じように推移した（ヴィーンに地震は無かったが）。
　しかし，残念ながら，たとえば東京はヴィーンのようにはなれなかった。
　ヴィーンになる必要はないが，東京の持つ建築的課題を解決できたか，その前に，その課題ときちんと向き合ったか，その課題が認識できたかというと疑問である。
　つまり，ヴァーグナーの言う，建築の出発点は我々の現代生活であり，それを真摯に受け止め，全身全霊で応えることが建築家の使命，が行われたかということである。
　この訳書が，建築を志す若い人達に届き，あらためて我々の建築，我々の時代の建築を考える機会になればと思う。
　再版にあたって，初版を見直し，少しは改善されたと思うが，読みにくいのは訳者の力量不足である。また理解を助けるため訳註（というより解説）を加えた。
　また中央公論美術出版の小菅勉さんには，訳者間の調整や原書図版の入手など，大変にお世話になった。衷心より謝意を表すものである。
　2012年4月記

佐久間　博

オットー・ヴァーグナーの略歴

1841年7月13日，ヴィーンに生まれる（カール・F・シンケル10月に没す）。

1857-59年，ヴィーンの工科学院。

1860-61年，ベルリン帝室建築学院。

1860-63年，ヴィーンの美術学校（ジッカーズブルク，ヴァン・デア・ニュルに学ぶ）。

1886年，ヴィーン芸術家の家（キュンストラーハウス）でヴァーグナー作品展を催す。

1894-1912年，ヴィーンの美術学校建築科の教授（ハーゼナウアーの後任）。

1894年より，ヴィーン交通施設・ドナウ整備委員会の芸術顧問。

1895年より，文部省芸術委員会の常任委員。

1899-1905年，ヴィーナー・ゼツェッシオン（分離派）の会員。

1913-15年，美術学校の名誉教授として教育を続ける。

1917年，ドレスデン工科大学より名誉博士号を贈られる。

1918年4月11日，ヴィーンに没す（同年2月，グスタフ・クリムト没す）。

オットー・ヴァーグナー自身の著述

Einige Skizzen, Projekte und ausgeführte Bauten（スケッチ，計画案，実施建築）第1集，ヴィーン，1891年。第2集，1897年。第3集，1906年。第4集，1922年。

Moderne Architektur, Seinen Schülern ein Führer auf diesem Kunstgebiete（近代建築，学生に与えるこの芸術領域への手引き），ヴィーン，1895年。第2版，1899年，第3版，1902年。第4版〔Die Baukunst unserer Zeit, Dem Baukunstjünger ein Führer auf diesem Kunstgebiete（われわれの時代の建築芸術，建築芸術青年に与えるこの芸術領域への手引き）と改題〕，1914年。

Aus der Wagnerschule 1897, 1898, 1899, 1900（ヴァーグナー教室選集1897年，他），ヴィーン，1897年，1898年，1899年，1901年。

Wagnerschule 1901, 1902, 1902／03, 1903／04（ヴァーグナー教室報1901年，他），ヴィーン，1902年，1903年，1905年，1905年。

Zur Kunstförderung, Ein Mahnwort（芸術奨励のために，一つの警告）ヴィーン，1902年。

Die Großstadt, Eine Studie von Otto Wagner（大都市，オットー・ヴァーグナーによる研究），ヴィーン，1911年。

Die Qualität des Baukünstlers（建築家の品質），ライプツィヒ・ヴィーン，1912年

Das Kaiser Franz Josef-Stadtmuseum；Ein Beitrag zur Hotelbaufrage（フランツ・ヨーゼフ帝市立博物館，ホテル建築の

問題についての論考），ヴィーン，1915年。

Die Wiener Zeitschrift Hohe Warte（ヴィーンの「ホーエ・ヴァルテ」誌）への寄稿，1904-1907年。

	オットー・ヴァーグナー《特装版》
	近代建築 ⓒ
	平成二十四年七月十日印刷 平成二十四年七月二十日発行
訳者	樋口　清 佐久間　博
発行者	小菅　勉
印刷 製本	藤原印刷株式会社
用紙	王子製紙株式会社
	中央公論美術出版 東京都中央区京橋二丁目八―七 電話〇三―三五六一―五九九三
製函	加藤製函所

ISBN978-4-8055-0680-6

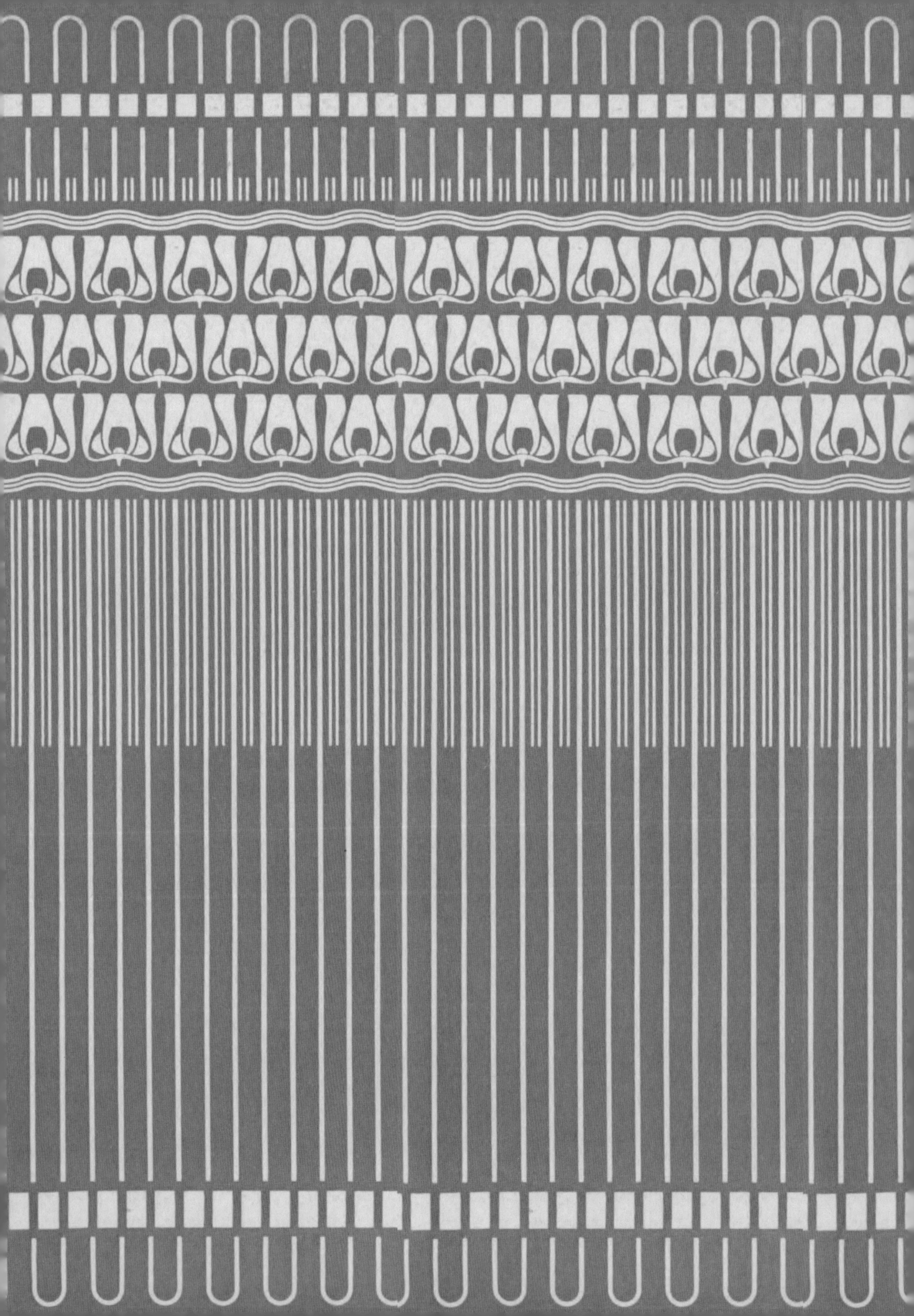